社会主义核心价值体系建设

"双百"出版工程

项目

/ **100**位
新中国成立以来感动中国人物/

王启民

石 众/编著

★

吉林文史出版社

前　言

　　每个人的心中都多少有一点英雄情结，都向往英雄、景仰英雄。也正因此，在中华人民共和国建国六十周年之际，由中央十一部委联合组织开展的"100位为新中国成立作出突出贡献的英雄模范人物和100位新中国成立以来感动中国人物"的评选活动中，群众参与投票总数近一亿。这其中的每一张选票，都表达了人们对英雄模范的崇敬之情，寄托着对伟大祖国的美好祝福。

　　一个民族不能没有英雄，否则这个民族就不会强大。当国家危难之时，懦弱者选择了逃避、妥协甚至投降，英雄们却挺身而出，用热血捍卫民族的尊严，人民的幸福。在创立和建设新中国的伟大历程中，涌现出无数可歌可泣的英雄模范人物。他们之中，有为了民族独立和人民解放而英勇牺牲的革命先烈，有为了党和人民的事业而不懈奋斗的优秀共产党员，有在全民族抗战中顽强奋战、为国捐躯的爱国将士，有英勇杀敌的战斗英雄和革命群众，有积极从事进步活动的著名民主爱国人士和国际友人……他们是民族的脊梁、祖国的骄傲，是激励全体人民团结奋斗的精神力量。

　　《100位新中国成立以来感动中国人物》丛书，就像一部星光璀璨的英雄谱，真实、完整地记录了英雄模范人物不平凡的一生，再现了他们非凡的人格魅力和精神世界。舍身堵枪眼的黄继光，拼命也要拿下大油田的王进喜，中国原子弹之父邓稼先，新时期领导干部的楷模孔繁森……一串串闪光的名字，一个个动人的故事，犹如群星闪烁，光耀中华。

　　当今中国正处于伟大变革的时代，迫切需要涌现出一大批勇于承担历史使命、为祖国和人民奉献一切的先进人物。在"双百"人物崇高精神的引领下，在建设社会主义现代化国家的征程中，必将英雄辈出。

生平简介

王启民，男，汉族，浙江省湖州人，1937年9月26日生。中共党员。大学本科学历，毕业于北京石油学院，教授级高级工程师。

1960年4月，大四时，响应号召，参加大庆石油大会战，到葡萄花油田实习，担任采油队实习技术员。

1961年8月毕业，主动要求到大庆油田工作，在地质指挥所任秘书；后来一直在油田勘探开发研究院工作，历任技术员、工程师、副总工程师、副院长、院长。现任大庆油田公司总经理助理、副总地质师。

他是第五届全国人大代表，第十五届中共中央候补委员。是大庆市劳动模范、大庆石油管理局"六大"标兵、省特等劳动模范、中石油特等劳动模范。1995年被评为全国劳动模范，1997年被授予"新时期铁人"称号。

王启民主持的科研项目，获得过1978年全国科学大会奖、1995年中石油科技进步特等奖等多项大奖。他本人获得过孙越崎科技教育基金能源大奖、中石油铁人科技成就奖等多项奖励。

2009年，新中国成立60周年时，当选为"100位新中国成立以来感动中国人物"。

1937-

[WANGQIMIN]

◀ 王启民

目 录 MULU

以油为生命 敢为天下先（代序）

习近平总书记在任中共中央政治局常委、书记处书记、国家副主席期间，于 2009 年 9 月到大庆视察，参加大庆油田发现 50 周年庆祝大会，并发表重要讲话。

在这个讲话中，他唯一提到的两个大庆人，就是王进喜和王启民。

在高度评价大庆油田在精神文明建设中所发挥的重要作用时，他说："大庆油田的开发建设，铸就了以'爱国、创业、求实、奉献'为主要内涵的大庆精神、铁人精神，造就了一支敢打硬仗、勇创一流的职工队伍，涌现了铁人王进喜、新时期铁人王启民等不少在全国很有影响的先进典型，形成了团结凝聚百万石油人的强大精神动力，集中展现了我国工人阶级的崇高品德和精神风貌。"

习总书记高度肯定了两代铁人的崇高地位和历史功绩。

在两个大国封锁遏制、妄图用石油卡我们脖子的严峻时刻，铁人王进喜高喊着"石油工人一声吼，地球也要抖三抖"，以"宁可少活 20 年，拼命也要拿下大油田"的英雄气概，人拉肩扛安钻机，破冰端水保钻进，跳泥浆池子压井喷，带动 4 万将士创造条件上，高速度高水平拿下了大油田，把"贫油落后"的帽子甩到太平洋里去，为国家争了光，为中华民族争了气。

在外国人说我们"这也不行，那也不行""开发不了大油田"的关键时刻，新时期铁人王启民，高喊着"莫看毛头小伙子，敢笑天下第一流"，以"宁肯把心血熬干，也要让油田高产再稳产"的英雄气概，深入井队搞试验，呕心沥血攻难关，超越前人创新路，钻地下，进油层，打开"地宫"之门，把大金娃娃一个又一个地抱了出来，为祖国献了石油，为中华民族长了志气。

如果用一两句话概括两代铁人的崇高品德和精神风貌，可以说铁人王进喜是用生命换石油，挺起硬脊梁；王启民则是以石油为生命，敢为天下先。

先说"敢为天下先"。大庆油田是我国发现的第一个大油田，属于陆相沉积砂岩型油田，面积大，地下层系多，理化性能复杂。怎样把这样的大油田开发好，我们自己没经验，外国经验又不适用，因此有的外国专家就说"中国人自己开发不了这样的大油田"。刚毕业参加工作的王启民不信这个邪，他放弃机关优越的岗位，主动要求上生产第一线，和伙伴们一起表决心说："莫看毛头小伙子，敢笑天下第一流"，"闯将在此"，决心要自力更生、自主创新，开发好大油田，从洋人头上跨过去。就是以这样的壮志豪情，王启民下现场、搞试验，画图表，坚持室内研究，做好理论计算，呕心沥血搞科研。50多年来掌握了数以千万计的第一手资料，创造了"非均质"理论，参加了上百项课题研究，主持了十几项重大规划设计，写出了无以计数的方案和总结，在油田开发的每个阶段、每一个时期都提出了独到的理论见解，拿出了可行性的方略和办法，拿到了数以10亿计的储量，创造了数以千亿计的经济效益，让大油田开发保持长期"高产再稳产"，各项指标走在世界前列，创出了一条自主创新的开发之路。他的"敢为天下先"取得了巨大成功！

再说"以油为生命"。大庆早期条件艰苦，工作、生活都极端困难，王启民又患有终生不愈的强直性腰椎脊椎炎风湿病。但他以顽强的意志和科学方法战胜疾病，坚持深入基层，坚持室内研究，坚持现场试验，几乎把全部精力和心血都用在了工作上、科研上。他妻子说他"工作起来什么都不顾，是一个要油不要命的稳产迷"。

我们说王启民"以油为生命"，还有另一层含意。就是他长期调查研究、钻研试验，所掌握的数以千万计的资料数据烂熟于心，那些枯燥的数字、灰褐色的岩层和它们所反映的地下情况和油水运动规律，已经变成了他的智慧，成为他生命的重要组成部分。一篇通讯，在描绘王启民观察研究白垩纪时期形成的岩芯时，这样写道："夜深人静时，他与它对视，仿佛与遥远的远古地质对话。这时，他才觉得自己的生命在汩汩流动，那黑色的石油仿佛就是自己的蓬勃的血脉。"

王启民终生践诺的"宁肯把心血熬干，也要让油田高产再稳产"誓言，是他"以油为生命"最好的诠释与写照。

王启民终生学铁人，坚持传承和弘扬大庆精神、铁人精神，并用自己的实践为其丰富了新内涵！

两代铁人用生命凝聚的铁人精神，鼓舞和教育了千万人，已经成为推动事业发展的不竭动力。

闯将在此

→ 总书记接见时追问他"三个字"

★★★★★

1997年1月17日。

在北京人民大会堂。

江泽民总书记、李鹏总理一起接见一位著名的劳动模范，总书记称他为"新时期的铁人"。

这个新时期铁人，就是大庆科学研究院院长王启民。

接见时，江泽民一不问工作，二不问学习，而是亲切地拉着王启民的手，问他的病情。

江泽民问："听说你有脊椎炎？"

王启民答："是。"

江泽民又问："说是还有三个字？"

王启民答："是类风湿！"

江泽民摇摇头："还有三个字？"

王启民又答："是类风湿在腰上的反映，变成强直性脊椎炎！"

江泽民接着说："对，是'强直性'。你一定要注意身体呀！"

王启民眼睛湿润了。

接见后，江泽民、李鹏接着又接见全国石油工作会议的代表。接见时，江泽民对代表们说，大庆精神、铁人精神，是我们宝贵的精神财富。现在我们有了第二代铁人，应

▷ 王启民（左三）在大庆油田中区西部试验区调查研究，开展现场试验。这是他和采油工人们一起看地下油层联通图

大力宣传他们的事迹。

➙ "三个字"里有文章

★★★★★

　　总书记为什么那样深切关心新铁人的健康？又那么注重"强直性"这三个字？因为，这三个字是一种难愈的脊椎炎重病的代名词。它形成于一次实习，却困扰了王启民一生。正是它为王启民设置了重重难关，给他的生活增添了悲壮的色彩，而也正是它才显示了新铁人的英雄本色，看出了两代铁人之间的血脉相承。

　　1959 年 9 月 26 日，大庆油田诞生。

　　1960 年 2 月，党中央批准了大庆石油大会战。

　　大油田和大会战，召唤英雄，唤来

了玉门闯将王进喜，也唤来了正在北油读大四的王启民。

1960年4月，北京石油学院大四学生有一个班主动请求到大庆来实习。其中有王启民，他被分配到远在南边的二探区葡萄花油田，去管葡4井。当时，主力部队已"挥师北上"，采油队里转业战士多，技术力量薄弱，领导让他担任采油队实习技术员。王启民有点胆怯，不知怎么办。

这时，有两件大事对他产生了重大影响。

一件事是，1960年4月10日，在油田第一次技术座谈会上，油田党委发布了"学'两论'的决定"，号召会战职工学习毛主席的《实践论》和《矛盾论》，取全取准20项资料72个数据，摸索油田开发的规律。第二件事是4月29日召开万人大会，宣布大会战正式开始。会上领导亲自给王进喜牵马引镫，号召大家"人人学铁人，人人做铁人"，高速度高水平拿下大油田。

后来王启民回忆说："这两件事对我的人生道路产生了重大影响，可以说终生受益无穷。学'两论'教会我如何在科研中认识油水运动规律，'铁人精神'则成为自己的人生价值观和前进动力。"

初生牛犊，顿生两翼，大学生王启民就大胆地领着工人们干了起来。

葡5井投产，要竖作业机井架子，没有吊车，王启民就和工人师傅们学铁人，用"人拉肩扛"的办法，把井架子立起来，使这口井很快投产试油。

油井都在荒郊野地里，杂草丛生，王启民和工人们一起除杂草，平井场，完善设备，很快开始生产，克服种种困难录取各种资料。原油含蜡高，葡4井经常蜡堵，影响生产，更影响取资料。而要清蜡勤了，又容易掉刮蜡片出事故，影响更大。

王启民就钉在井上解决这个矛盾。他嫌住在老乡家里太远，晚上观察不方便，就把行李搬到井上，在又湿又潮的小锅炉房住。他白天上井找矛盾，晚上秉灯学"两论"，终于找到合理清蜡的间隔时间。他又运用自己所学知识帮助工人掌握和改进清蜡方法，解决了蜡堵问题。后来又解决了量油测气不准等问题。按上级要求取全取准了20项资料、72个数据。使这个以转业官兵为主的采油队成为先进队，他自己也破例被评为"二级五好红旗手"。

那个时候，王启民把全部精力都用在管好油井、取全取准资料上。连老父亲去世都没有回家。他的对象、女同学陈宝玲也来实习，住在总部地质指挥所。实习八个月，王启民愣是一次没联系，连封信也没写。陈宝玲说："他的一颗心全在井上，对井比对我的感情深！"

大庆是个多风的地方，1960年雨又大。王启民住在水泡边的锅炉房,后来又搬到"干打垒"里,又湿又潮又透风。睡一觉,早晨醒来身下的垫子湿漉漉的。可王启民全凭年轻火力壮,满不在乎。八个月的风吹雨打,潮湿侵害,使他得了严重的类风湿,后来演变成强直性脊椎腰椎炎,终生未愈。王启民就是带着这"强直性"的帽子,学习、工作和生活,吃尽了苦头,可终生无怨无悔。

这就是总书记要问出"三个字"的缘由!

→ 东风就是唤不回

☆☆☆☆☆

古人断言:不信东风唤不回。

可忠诚于事业、倔强而耿直的王启

民，却用自己的行动颠覆了这句古训。

1961 年暑期，王启民大学毕业了。那个时候，大学生还是"稀有资源"，是国家的宝贝，全国各油田和石油石化企业都抢着要，特别是他的家乡，呼唤学子回到自己的怀抱。

王启民，于 1937 年 9 月 26 日出生于浙江省湖州埭溪镇。湖州位于长江"金三角"，是历史名城，出过许多名人，也生产各种全国知名的土特、文化产品，富饶美丽，人杰地灵。她张开双臂，欢迎在北京读书的儿子回到家乡。

慈母手中线，游子身上衣。一个穷困家庭，一位柔弱的母亲，更希望自己的孩子回到身边。王启民祖父是个能干的人，不仅置买了土地，还开了杂货铺，日子还算过得去。可是，由于父亲王惟道患小儿麻痹留下终生残疾，无力经营土地和店铺，立志读书，最后当了一名教师，只靠一个人的工资养活一家老小，生活就一天不如一天了。日本人入侵后，战乱不止，全家人生活十分困难。无米下锅时，就靠母亲上山挖野菜度日。8 岁的哥哥有病没钱治，眼睁睁地看着死去。年幼的妹妹生了病，也是没钱治，落下了残疾。解放后，母亲没工作，全家六口人就靠残疾父亲一个人的那点工资过活，十分紧迫。现在父亲又不在了，手握红线的老母亲多么盼望已经毕业的游子回到家里，撑起这片天啊！年轻的弟弟、残疾的妹妹多么希望哥哥能够回来，给他们以帮助和温暖啊！

王启民的同学、对象陈宝玲家就在北京。她和她的父母当然希望王启民能留在北京工作，不留北京，总应该去南方吧！

可是，王启民却做了另一种选择。就像当年老铁人王进喜选择钻井这个困难又危险的行业一样，这位新铁人王启民选择了大庆这个困难而又艰苦的地方。他们选择的都是艰苦和困难。

王启民心里清楚，回到美丽温暖的家乡工作，比去哪里都好。两位老人含辛茹苦，把四个孩子抚养成人，还供自己念完了大学，应当回到母亲和弟弟妹妹的身边，为家庭出点力，对母亲尽点孝。他也知道，父亲刚刚去世，家庭困难组织上了解，如果申请回到南方，回到家乡，是能够得到照顾和批准的。可是，他又想，自己是学地质、学石油的，那些新生代、白垩纪、姚家组、圈闭、油岩等等总是活跃在自己的脑海里，不知做过多少次靠知识探海拿油的梦。现在国家有了大油田，半年的实习也看到了大庆更需要自己，松辽盆地就是大油海，投身大海就能实现自己的梦想。大庆才是自己学有所用、展示才华的用武之地。因此，他毅然决定申请去大庆工作。

这时，好朋友们出来劝他说，富足的南

◁ 王启民在研究资料，写油田开发规划

方四季如春，首都北京热闹繁华，而"青天一顶，荒原一片"的大庆严寒酷暑，困难重重，为什么偏要去那里? 有了解情况的同学则指着他的腰说，大庆造你一身病，你却把它看成命，沉痛的教训几天就忘了。又强又直的王启民说，咱们学地质的，油田就是咱的命，一切都要服从国家的需要，听从党的召唤。

他谢绝了大家的好意，在分配表上填上了"去大庆"。

➡ 敢笑天下第一流

★★★★★

1961 年 9 月，王启民如愿来到大庆，被分配在地质指挥所（油田勘探开发研究院的前身）给领导当秘书。

报到不久，发生了一件事：1961 年 9 月 20 日，中区 6-13 井见水了。大庆实行的是"早期内部横切割注水开发方案"，应用注水驱油，保存地层压力，保证油田高产稳产。注了水，这样快就有单井见水，领导怕影响原油产量很着急，整天议论这件事，表现出一种想注水又怕见水，想多采油又怕水淹的急切心情，王启民对这个"油水矛盾"的问题产生了浓厚的兴趣，就主动要求下基层，到 6-13 井所在的中区西部试验区去参加现场试验，摸索解决这个问题的途径。

6-13 井见水，说明油田注水见效了，但也确实反映了一个问题，领导们为此着急是有道理的。

当时，油田采用的是外国普遍采用、也是我国克拉玛依油田使用的"温和注水，均衡采油"的方针和办法，规定每一天每米油层控制在注水 5 立方米。中区布井是两排注水井夹 3 排采油井，人们天真地设想，"温和"的水注进去是呈直线均衡推进，让每口井都同时见到驱油效果。6-13 井地下单兵突进早见水，证明地下情况不是这样的。这种情况不改变，到 1962 年年底，就会出现"开采三年，水淹一半"的严重局面。

这时外国人、洋权威们出来说话了，他们说："在大庆搞开发试验区，是在一块好布料上挖出一块做裤头，糟蹋了那么好的大油田"，"中国人自己开发不了这样的大油田"。

王启民和他的同事们，虽然来油田时间不长，但也了解到，大庆油田是世界七大油田之一，中国人开发这样的大油田确实没经验，但外国又没有现成经验可借鉴，所以自主创新，通过大搞调查研究取全取准 20 项资料 72 个数据和开辟开发试验区，独创出一套"早期内部横切割注水开发方案"，而不是像有些大国那样"后期外围注水"。而 6-13 井这样早见了水，正说明实行这套方案见了效，说明它是科学的、正确的。不是糟蹋了大油田，而是通过"解剖麻雀"的办法，找到了适合油田的科学开采方法，避免从整体上出问题、犯错误，保护了大油田。恰恰证明了中国人有能力开发好自己的大油田。这次见水所反映的问题是前进中的问题，我们自己有能力尽快找到解决的办法。

外国人和洋权威说三道四，让王启民和他的伙伴们气不打一处来。1962 年春节到了，几个年轻人不回家，议论怎样回击这种谬论。他们几个你一句我一句，凑出一副对联，让王乃举执笔写出来贴在大门上。这副对联上联是"莫看毛头小伙子"，下联是"敢笑天下第一流"，横批是"闯将在此"。那个闯字，特意把门字写小，把马字写大，表示这群毛头小伙子们要当敢想能冲的"黑马"，冲破各种条条框框，闯出一条自己的路来。

王启民从此暗暗下定决心，要敢为天下先，从洋人头上跨过去！

→ **"非均质"理论的诞生**

★★★★★

表个决心很容易，但要真正解决问题，从洋人头上跨过去却不那么容易。

王启民日思夜想，一心要找到解决问题的"金钥匙"。

正在他苦苦思索时，王乃举来告诉

他一个好消息，拉他去看"大字报"。

会战指挥部指挥康世恩明确提出"石油工作者岗位在地下，斗争对象是油层"，一切问题都要靠实践来解决。他让人把毛主席的《人的正确思想是从哪里来的？》用大纸大字抄出来，贴在会议室的一面墙上，号召工人、干部、特别是技术人员来学习。

王启民跟上王乃举去看了一遍，深受启发，就连着去看了好几次。从那以后，坚持学毛主席著作，学"两论"就变为常事了。通过学习，他认识到人的正确思想只能从实践中来。

对油层、油水运动规律的认识和解决油水矛盾的办法也只能从基层、从工人中间、从实践中来。从此他更加注重下现场。

这位患有类风湿、腰椎炎的年轻人，白天下现场，参加试验，收集整理资料，晚上回来认真分析研究，有时还贪黑刻蜡板，油印成小报，送给领导和工人师傅们参考。饿了就煮几块白菜帮蘸酱油吃几口，实在困了就趴桌上睡一会儿，就这样日以继夜地摸索地下油水运动规律，寻求解决问题的办法。

这时，油田上下都在为解决油井早见水问题而探讨。有人主张控制高渗透层注水，有人提出把"温和注水"方案中的 1 天 1 米注 5 立方米水改为 10 立方米……但这都不能从根本上解决早见水的矛盾。

经过一段时间的研究，结合流体室一项室内试验结果，王启民形成了自己的"非均质"理论。在一次重要的技术座谈会上，王启民大胆地对主导理论"温和注水，均衡采油"提出了自己的看法。他认为："油田地下各个油层之间、同一油层各部位之间差异很大。差异就是矛盾，就是不均衡。因此，不均衡是绝对的，均衡是相对的。要人为地达到使注水都均衡推进是违反客观规律的。笼统地温和注水必然造成单层突进，单井早见水。"根据这种"非均质"特点，这位毛头小伙子提出了一个"因势利导，强化注水"的方法。他主张对不同的油层要分别对待，对厚度大、渗透率好的油层要加强注水，让它先出力多产油。在此基础上再采取分层注水等措施加强其他油层的注水。

王启民"非均质"的理论见解和主张引起领导的重视，经过大家的讨论，得到了充分的肯定与支持，会后又经过充分研究和论证，决定按这套办法搞实验。王启民马上带上两名同事到中区西部见水早的油井上，去开展现场试验。

→ 风雪中的"双胞胎"

★★★★★

　　王启民和铁人王进喜一样，都是干活不要命，要井不顾家的人。王进喜长期"跑井"，围着钻台转，每天想的是打井拿油；王启民则长期住队，围着油井转，每天想的是注水采油。

　　为了证明"非均质"认识的正确，为了推广"因势利导,强化分层注水"试验，王启民长期住在井队，坚持在现场和工人一起收集资料搞试验。就是回到研究院，也是整天在办公室里整理资料，推算数据，制作图表，参加室内试验。没有礼拜天，没有节假日，就连春节放假也只在家里过个年三十儿，初一就上班或者下现场。为了工作，放弃了一切爱好，连个扑克也不会打。实在累了，就扒着上门框做引体向上，有时打一阵乒乓球。

他妻子陈宝玲说："王启民不应该姓王，应该姓石，石油就是他的命。工作起来老婆孩子全不顾！"

1963 年 11 月，身怀六甲、行动困难的陈宝玲，眼看就要生产，可还住在单身宿舍里。单位书记刘同刚对她说："大陈，这里条件太艰苦了，你准备一下，赶快回北京父母家去生吧！我叫王启民去送你！"可是等了三天，王启民都没露面。这时他们的一位同学急了，气冲冲地找到王启民的办公室，见他正躲在那里赶写一份现场试验报告，一连写了三天，把这回事给忘了。

这位同学质问他："王启民，你老婆马上就要生了，你送不送？你不送，我们去送！"

王启民这才想起刘书记交代的事，赶快说："我送，我送！"

夫妻俩来到哈尔滨，王启民想起那份重要的报告还没写完，就把陈宝玲送上去北京的列车，自己连夜赶回了大庆。

陈宝玲上了车就感到腰酸肚子疼，躺到卧铺上就起不来了。对面大娘见了，赶快找列车员，列车员找车长，他们联系好，在锦州车站，把陈宝玲送下了车。

当晚，在锦州铁路医院，陈宝玲生下了自己的女儿。3天后，虚弱的产妇抱着刚刚出生的婴儿，独自回北京老家。

11月29日，东北大地正风狂雪猛。身患强直性脊椎腰椎炎的王启民，以顽强的毅力冒着风雪穿行在井站之间，他怀揣着刚刚写好的试验报告，按照自己的规划，去收集有用的资料，推广"强化注水"试验；与此同时，在几百公里之外的锦州，他刚刚生完孩子的妻子，强撑虚弱的身子，抱着刚出世的婴儿，迎风冒雪走向车站，登上南去的列车。

功夫不负奉献的人，王启民和他的团队的试验，取得了可喜的成果，强化分层注水在许多口井上见到了明显的效果。有一口产量下降、含水已达60%、不得不停注的油井，按着王启民团队设计的每米油层注水由原来的5立方米增加到30立方米的方案，进行分层强化注水试验，日产量由原来的30吨增加到60吨，而含水不升反降，保持稳定。紧接着又在试验区内开展大面积的"因势利导，强化注水"试验，结果培养出一大批日产上百吨的高产油井。

试验结果证明，"非均质"理论是科学的、正确的，这一理论和"分层注水"的方法，打破了外国专家惯用的"温和注水，均衡开采"框框的束缚。凭着"敢笑天下第一流"的勇气和求真、求实的科学精神，王启民和他的伙伴们不仅培养了一批高产井还创出了一套适合大庆油田多油层"非均质"油藏特点的我国自己的油田注水开采方法，走出了一条新路。

当同妻子团聚，见到自己女儿的时候，王启民难掩愧对娇妻爱女之情。大度的陈宝玲说："我了解你，也理解你。我生了女儿，你试验取得成功，这是双喜临门，值得庆贺！"小两口商量给女儿取名王锦梅，以示这个在锦州半路上出生的女儿，将像傲风斗雪的腊梅一样茁壮成长。在王启民心中，自己的妻子也像一支腊梅花，不怕风雪严寒；在陈宝玲心中，自己强直的丈夫更有一种梅花的品格。

当人们传颂这个故事时，都说王启民两口子在风雪中得了女儿又取得了试验成果，是生了一对"双胞胎"，都深有感触地说，真是"香自苦寒来"呀！

扳不倒的铁汉子

➡ 关不住的心

★★★★★

　　几年的拼搏和探索，使王启民品尝到为国找油、为民族争气的快乐。虽然条件艰苦、生活困难、类风湿不停地折磨他，但他对大面积推广"强化分层注水"试验充满了信心。

　　正当他准备和同事们大展宏图时，"文化大革命"开始了。这个专注于科学研究、痴迷于地下的年轻人，对所谓"革命"不感兴趣，他一不参加"运动"，二不写大字报，于是就有人诬陷他"走白专道路"、"想当资产阶级权威"，他置之不理，又有人翻历史旧账，找他的茬。以往有的单位在年终总结时，只"评功摆好"，不讲问题和缺点，王启民说过"这样做不符合实事求是，方法不科学"，现在被拿出来，给他扣上了"反革命"的帽子，说他"反党"，把他看押起来，让他交代"罪行"。王启民心想，我是穷孩子上大学，一直是党培养的，毕业工作后整天下现场搞科研，为党工作，为国家多拿油，怎么能反党呢? 不交代所谓什么"罪行"，当然就不能"解放"。

关住人，但关不住他那颗心。王启民正好借机躲开了你争我斗的所谓"运动"，清静地继续研究他的"分层注水"采油，琢磨起怎么培养更多的高产井来。

看管的人也不认为他是什么"反革命"，根本不去管他，随他爱做什么就做什么。

王启民脑海里翻腾的是白垩纪、油沙体、大小层、渗透率这些地质概念；在他手上干的，不是计算数据，就是画油层图……就是在这种日思夜想中，一个个新的方案被勾划出来。他想要在某口井，再加大注水强度，用高压水驱出更多的油来；他也曾想，在有些井上，可以下两根采油管，同时采出不同油层的油来……他盼望着能让他下基层，赶快和现场的同志们一起，研究实施这些方案。

不久，随着一些更大的"牛鬼蛇神"被揪了出来，他这个"小爬虫"已无足轻重，王启民被下放到井队去"现场劳动改造"。

这正是他求之不得的!

→ 走不完的路

★★★★★

"文革"对大庆的干扰破坏很严重。党组织瘫痪了,指挥系统砸烂了,科研机构解散了,整个油田完全处于无序混乱状态。就是靠像铁人王进喜这样的优秀共产党员和一大批老工人坚持工作,坚持生产;就是靠像新铁人王启民这样的优秀的科学家和一大批的科技人员,坚持下现场,坚持搞科研,所以油田生产不仅一天也没有停,还取得了较快的发展。

王启民被下放劳动,获得"解放"以后,他拿上铺盖卷,直接来到基层,和已经在那里的同事们会合，又开始了已重复多少年了的在采油队、采油井、转油站和住地之间的来往穿行，干起了已经熟得不能再熟的收集和整理资料、制作数据图表、画反映地下油水运动规律的油层联通图。这种重复枯燥的工作，在他来说每天都有新发现，都有新内容，其乐无穷。

本就艰苦的大庆，"文革"期间变得更艰苦，王启民和宋永、王乃举等同伴们，住干打垒，啃窝头吃咸菜，克服各种困难坚持试验。他们白天和工人们一起上井测试、作业，蹲在现场一口井一口井地搜集资料，晚上伏在床边整理资料，画图，从中探索油层的规律。

多年的脊椎病痛折磨，加上常常一伏一蹲就是几个小时的固定姿势，使他平时走路也向前哈着腰。

就是这样，王启民也坚持不停地走，没黑没白地干。同伴们开玩笑，说病号王启民自己创造了种新的走路和工作姿势，叫"强直式"。

就是用这种"强直性"的姿势，用永不止步的姿态和自强不息的精神，王启民坚持前行。他走的是油田井站之间的艰难路，更是指导开采技术研究的创新路。这是一条走不完的路。正是由于有王启民们在走、在干，才保证了油田生产的正常进行，原油产量不降反升。

1970年，由于"文革"更为严重的干扰破坏，大庆出现了地上事故不断、偷油车来往不绝、地下情况恶化的严重局面。在很多区块都出现了压力下降、产量下降、含水上升的"两降一升"的局面。为此铁人王进喜到北京向石油部、向党中央反映情况。周总理接见了王进喜，做出许多批示，并在石油部根据王进喜反映的情况整理出的一份报告上做了几项指示，其中重要的一条是，大庆要"恢复'两论'起家的基本功"。贯彻总理指示，大庆陆续恢复了一些科研机构和一年一度的技术座谈会。

当时，油田已进入中含水阶段。王启民等试验组采取的"因势利导，强化注水"措施，打破"温和注水"框框，但还需进一步试验，大面积推广。油田领导决定开辟中区西部试验区，为全油田全面提高采油速度提供依据。接受任务的王启民、王乃举等，高高兴兴地打起行李卷，立即动身到现场去搞试验。

中区西部试验区有 9 平方公里，80 多口井，地下有 4000 多个油层系，是油田上最

早动用开发的老油区，含水已达 36.6%，有
的油井含水上升还比较快，进入中含水阶段。
王启民他们支起一顶帐篷就开始工作。他们
白天跑现场，晚上整理资料，同采油工人们
一起钻地下，斗油层。又开始了在别人看来
重复乏味的劳动。

▷ 两代铁人一个梦想，王启民在铁人王进喜塑像前深思

北方的大庆，夏季还好过一些，可一到冬季就很难熬。寒冬腊月，土坯房内的温度降至0℃以下。王启民和他的小组几个冬天都坚持在试验区里，不间断试验。寒冷难耐，他们便把棉被盖在身上。哪口井产量掉下来了，他们就分析原因，设计如何堵水、分层调整、压裂、作业。一次，一口井要下封隔器，可汽车进不去井场，他和一位同事一起走了好几里路把封隔器抬到井场，当他放下手中封隔器时，他头朝地，背朝天，许久许久才能缓缓地挺起腰来。

　　日出日又落，春去春又回。经过王启民等科技人员和广大干部、工人们日复一日、年复一年的努力，终于找到了一个"立足于原有井网、立足于自喷开采、立足于已有工艺、立足于发挥主力油层作用"的办法，为油田高产稳产蹚出了一条路子，使西部试验区的采油速度由1.51%升至2.15%以上，日产原油1500吨至2000吨以上，含水控制在54%以下，稳产了5年，彻底否定了"均衡开采"的理论。为油田今后的工作积累了经验，为油田开采重大决策找到了科学依据。

→ "为稳产，宁肯把心血熬干"

★★★★★

1975 年 8 月，主持中央日常工作的邓小平同志大刀阔斧地进行整顿。为了缓解濒于崩溃的国民经济形势，他要求石油战线"要大力开采，尽可能多出口一些"。作为全国最大的油田，大庆自觉为国分忧。

这年 10 月，油田党委在组织编制新的五年规划时，详细解剖了中区西部试验区的稳产试验，并按那里提供的各种数据在全油田开展了地下大调查。经过充分论证，认为按中区西部的做法，全油田把采油速度提高到 2% 以上，1976 年就可以年产原油 5000 万吨，并可以实现较长时间稳产。于是主动把原定 1980 年达到年产 5000 万吨的目标，提前整整 5 年到 1976 年实现，制定了"高产 5000 万(吨)，稳产 10 年"的远景规划。

王启民听了这个消息非常振奋，但也感到压力很大。他心想，我们是与党和国家共命运的大庆人，就应当自觉为国家排忧解难，分担压力。夜深人静时，他想起了自己的领路人——铁人王进喜。他回忆起 1960 年自己在葡萄花采油四队无路可走时学"两论"、学铁人的情景，回忆起后来不多几次的和铁人王进喜见面的情景，回忆起每当自己遇见困难就想想铁人是怎么干的情景，得出一个结论：必须像铁人那样自觉分担压力，为国分忧，为中华民族争气。只有像铁人那样敢想敢干，真抓实干，劳而苦干，才能克服重重困难，实现高产稳产的远大目标。他一想到，自己心中的榜样王进喜已经离开 5

年了，心里酸酸的。王铁人"宁肯少活 20 年，拼命也要拿下大油田"，最后实践了自己的誓言，真的比我们少活了起码 20 年。自己还有什么可说的呢！铁人就是自己心中永不熄灭的一盏明灯，越想心里越亮堂，他暗自下定决心：也要像铁人那样，"宁肯把心血熬干，也要实现油田高产再稳产"！铁人就是一面永远的旗帜，自己一定要高举这面旗帜继续往前跑，不管有多大的困难也永远不停步！

1975 年，中区西部试验区已进入中高含水开发阶段。主力油层含水增加很快，产油量明显下降。油田稳产靠什么是个亟待解决的认识问题。有的同志认为主力油层已进入衰竭状态，稳产很困难，应当想别的招儿。但王启民不这么看。他认为，大量资料证明，多数油井主力油层含水虽然高，但采收率还不到 30%，不能说衰竭没潜力了。

有人不同意他这种分析和得出的结论，王启民就迎风冒雪下现场，找资料，搞试验来证明自己的见解，困难再大也要坚决地克服。

一天，家里的粮本丢了。王启民东跑西颠，把粮本找到天已经黑了。当天夜里大雪下了有没膝深，妻子劝他在家休息，第二天一早再回去。他想起自己有个想法，得用数据证实，就连夜往回赶。没有交通车，就强撑病体，在大雪里跋涉了几公里，最后搭上一辆汽车赶回前线驻地。

当他带着冷风打开房门时，同伴们都惊呆了。他没顾大家的反应，立即扑向了自己的资料。

像这样的事情，经常发生。

生活的艰苦、工作的困难都好克服。但有一种屈辱却叫人难以忍受。1976年搞"反击右倾翻案风"，有人抓住他"从中区西部稳产试验看，科学技术是一种生产力"的说法大做文章，说他下现场搞科研是"唯生产论"，收集资料是想一鸣惊人，是只专不红。而且无理地规定他以后要把资料记在公用的保密本上，不准个人私有。按照王启民的强直性格，他本想和这些人大干一场，宁可鱼死网破也要搞他个水落石出，分清是非曲直。可是当他看看周围无理可讲的环境和那几个不可理喻的人，他决定暂时忍下这口气，相信将来会弄明白，就又专心致志地投入到他"老层有潜可挖"的研究之中。

→ 老工人的启示

★★★★★

经过一段时间，王启民为自己的选题找到了一些依据，但还缺乏最能说服人的根本性例证。而这个证据，是一位工人老师傅帮他找到了。

一个风和日丽的上午，王启民和几位采油工人在现场搞试验，一边干活一边唠嗑。王启民三句话不离本行——自己心里最惦记的那点事，就问工人们"为什么作为主力油层的厚油层见水快？""他们还能高产多长时间？还能当主力油层吗？"等一些问题。

一位年轻工人说："主力油层渗透率好，所以见水快，可能没几天蹦跶头了。"

另一位中年人说:"你说得不对。主力油层有的几米、十几米厚,上下哪会都一样,整好了还是主力。"

这时一位老师傅接话说:"你说得对。很多厚油层都存在一个'自然水路',所以它见水快。如果把它这条道堵一下,见水慢下来,它还是主力油层,潜力大得很!"

听了这话,王启民大受启发。他想,一些厚油层各部位的渗透率也不会完全一样,含水上升快,可能是在高渗透率部位形成了一条水道,就是老师傅说的那条"自然水路",不等于整个油层全部被水淹没了。

为了证实这种认识的对与错,他和室主任宋永等试验组同志在试验区打了四口检查井。从取出的岩芯看,好油层大部分是在底部水淹。比如,有一口井,一个好油层14米厚,底部水淹只有3.2米。这说明确实存在着老工人说的"自然水路"现象,这说明主力油层潜力仍然很大。我们必须采取可行性措施,挖掘这部分潜力,让主力油层继续为油田稳产当主力。

从这件事，王启民想还是毛主席说得对，群众是真正的英雄，我们知识分子，只有和工农相结合，才能有所成就。

在一次技术座谈会上，他和宋永一起汇报了这些情况和自己的想法，得到院领导和油田领导的认可，决定让他们进一步开展挖掘主力油层潜力的试验。

➡ 石油之子：望长天而明志

★★★★★

1976 年开始，他们在西部试验区开始了以主力油层挖潜为目标的压裂、堵水试验。王启民深入到井场和采油工人、作业工人们一起干。搬运设备，起下油管，录取资料，哪里需要就到哪里干。夏天顶烈日，冬天冒风雪，不叫苦也不知累。

这年冬天特别冷，有时都到零下 30 多度，王启民和试验组四名同志，坚持住在工地上。风吹雪打加上长期劳累，王启民的类风湿病更重了，陆续出现了自己难以忍受、让同志们感到担心的现象：

——腰背疼痛难忍，站不直，坐不直，走路必须得猫着腰；

——手指头不好使，笔纸拿不住，鞋带也系不上；

——两眼虹膜发炎，视力模糊，连报表、图表、图纸、数据都看不清；

——有时发作起来腰疼、腿疼、头疼、眼也疼，疼得他直想往墙上撞。

医生来检查，再次重申，这是早已确诊的"类风湿强直性腰椎脊椎炎"，终生不愈，再不休息治疗，可能变成终生残疾，有瘫痪的危险。

油田和院领导都来看他，安排人送他去医院检查，让他住院治疗，直到病愈再上班。

王启民心想，现在试验正在紧要关头，自己不能离开。就向领导提出暂时不去医院，留在工地和大家一起多交流，提提意见，出出主意，保证按时打针、吃药、好好休息。领导同意他的请求，嘱咐他一定好好治疗，注意休息，也嘱咐大家多照顾他。

开始，王启民还按照自己保证过的去做。可没过几天，稍有好转，他就下工地和大家一起干了。整天在井场上猫着腰走来走去，亲自参加各种试验。手拿不住的叫人帮助拿，眼看不清的，让同志们给念，忙得不亦乐乎。

有一天傍晚，劳累一天的王启民要回驻地，为了抄近道，就在荒原上穿行。天黑眼睛又疼，看不清路，被一个大土坷垃绊倒，整个身子重重地摔倒在地上。他想爬起来，但腰腿手都不听使唤，怎么也起不来。

倔强的王启民不相信自己起不来。他先慢慢地活动双手，把手活动开了，再用双手去揉腰捶腿活动全身，全身活动开了，再慢慢地跪了起来。

跪起来了，王启民一阵高兴，他想用双手拄着地，让自己站起来，可是双手钻心透骨地疼，浑身又疼又沉像灌了铅一样，拼上全力也站不起来，就这样跪下去！

长跪不起的王启民，真的难过了。难道真的像医生说的那样要瘫痪了吗？两行热泪顺着他的两颊流了下来。他想，试验没有结束，攻关课题还没有完成，如果我这样倒下去，半途而废，将抱憾终生，他不甘心就这样倒下去。

长跪不起的王启民，仰望长天，叩问大地，以泪明志：我一定要像铁人那样，宁肯少活 20 年，拼命也要拿下大油田。就是豁出这条命，熬干了全部心血，也要保油田高产稳产。无论如何也不能这样倒下去，一定要站起来!

这位泥土里生、岩层中长、油海里游的石油之子，凭着对事业的忠诚和钢铁般的意志，终于站了起来。他慢慢地活动好双腿，一步一步走回驻地。半个小时的路程，整整走了两个小时。回到宿舍一声没吭，马上趴在桌上整理一天收集来的资料。

铁人精神鼓舞了王启民，王启民的行动教育了周围的人。大家感到王启民意志坚强，性格刚强，人站不起来，可精神不倒；腰躬着，可脊梁挺得直，骨气伸得直。"强直性"的疾病没有把他扳倒，而是"强直性"的他战胜了疾病，这就是一个活生生的新铁人，我们的好榜样!

　　铁人精神和王启民的行动鼓舞大家越干越有劲儿。经过同志们熬尽心血、舍上性命的反复试验,老油层挖潜项目取得了成功,在很多井排见到了明显效果。比如,中区4排7井,日产油量从30吨上升到50吨,含水从80%下降到20%。结果汇报上去,主管领导非常高兴,决定进一步扩大试验。

→ 油田"活字典",议 事"小诸葛"

★★★★★

　　一般都以为"地下石油流成河",只要打几口井,原油就会哗哗往外流。实际不是这样的,石油在地下是藏在岩石里边的。比如，大庆这样的陆相沉积砂岩型油田，原油是浸润在一种叫作砂岩的石头里。这种砂岩有松软的，有密硬的，物化性能不一样，且深埋在 700 ~ 1000 米的地下，还分几十个甚至上百个小层。人们看不见，也摸不着。就是得靠像王启民、王乃举、宋永等这样一些人通过取出的岩芯、电测曲线，采油工人们采集的大量资料来认识油层，描绘它们的形状，分析它们的运移情况和运动规律，为领导决策、工人采油提供科学依据和方法。除此，别无他途。

王启民战胜病痛，长期在基层和工人一起摸爬滚打，收集资料，搞现场试验，经过熬尽心血的刻苦研究，那些深埋地下的灰褐色的岩层、枯燥的数字和它们所反映的地下情况以及油水运动规律，已经变成了他的智慧，成为他生命的重要组成部分，能够随时随地随心所欲地为领导决策提供依据，当好参谋。因此，人们管他叫油田"活字典"，议事"小诸葛"。

1977 年年底，油田总地质师闵豫点着

名要听王启民汇报，而且提了一个要求，说他一不看材料，二不看图表，就是让王启民一口井一口井地讲油田中部西区试验区的地下情况，问他能不能做到。

王启民痛快地答应了领导的要求。

汇报开始以后，王启民自己也一不看材料，二不翻图表，全凭记忆，将试验区试验井的地下情况一口一口地讲，87口井足足讲了三天，情况摆得实，认识说得透，结论很明确，规律也找得准。闵豫听得高兴、解渴，满脸的惊奇，夸奖王启民是油田"活字典"，说他是从开发试验过程和动态分析中，把认识油层和改造油层有机地结合起来，为大庆闯出了一条中含水期油田稳产的路子。

王启民的作用，不仅仅能在关键的时刻，站出来当参谋，为领导决策提供依据，还在于他的工作、他的研究成果能够被油田各单位、广大干部、工人所运用，直接指导油田生产，变为经济效益。

在王启民的眼里，那些枯燥的数字和灰褐色的岩石，已经变成直观的多彩的世界。

为了形象地反映出试验区地下主力油层的分布情况，王启民和宋永等同伴们一起把试验区 87 口油水井的单井资料共 8 种、10000多个数据，进行反复核对分析，通过理论计算，绘制出全油田第一张《主力油层高含水期地下油水饱和度图》。这张图能直观形象地看出哪是水、哪是油，还可看出油层平面上、纵向上的油水分布及饱和度状况，既有实践依据，又有理论计算，为领导做决策和采油单位采取措施提供了科学依据。人们拿到以后，就可直接使用，收到了良好的效果。比如，一个试验组依据此图选择残余饱和度比较高的两口井进行层系补孔，施工后立即见到了效果，一口井日产量增加了40吨，含水降到 20%，另一口井日产量从 50吨增加到 130 吨。

→ 十年磨一剑

★★★★★

中区西部试验，是大庆油田的缩影和先行一步的试验田。王启民和他的战友们在十年试验中，分析研究了1000多万个数据，证实了油田地下主力油层有潜可挖，低差油层能接替上产，摸索和总结出一套"细分开采，分层调整，接替稳产"的开发理论和工艺方法。普遍推广使用，通过细分压裂、细分注水、细分堵水、细分补孔、双管采油、打加密井等办法，使主力油层延长了高产时间，低差油层接替上产，实现了两类油层以2%的采油速度同时稳产。

王启民创立的这套理论和方法，为

大庆油田在"文革"困难时期原油年产上5000万（吨）并且要实现稳产10年的目标提供了理论和实践依据，一直在油田推广使用。王启民个人也在这10年的实践中磨炼了意志，增长了知识和才干。具有远大理想和超越勇气的人，心血熬不干，舍命命更坚。王启民不仅没有倒下，而且身体一天比一天好，变得更富有朝气和活力。

人们都说，"十年磨一剑"，王启民这把科技之剑，在实践这块磨刀石上，磨砺得更加锋利！

敢吃螃蟹的人

→ 让差油层上阵

★★★★★

转眼间王启民已经 43 岁了。开发大庆 20 年，可以看出他笑傲天下第一流，是个敢吃螃蟹的人。可同志们说，更可贵的是他还敢吃或者说专吃螃蟹爪里肉。打破"表外储层"禁区是他石油人生最美的华章。

石油是不可再生能源。进入 80 年代，大庆油田进入高含水期，主力油层逐渐走向衰老，保持稳产的唯一办法是增加后备储量。但外围勘探成果补不上，怎么办？

当时的管理局局长李虞庚下基层征求意见，找到王启民问他有什么想法。

王启民把在中区西部试验时酝酿已久的"让差油层上阵"的意见说了出来。他说："稳产问题不大。我们有一大部分油层，就是所说的差油层没有计算储量。这部分油层遍布油田，无处不在，潜力很大。如果采取细分层系打加密调整井让它们上阵，就能够替补主力油层的自然递减。现在的关键是要采取措施进行储量复算。"他详细地汇报了在试验中取得成功的区块情况，得到了李虞庚的认可和肯定。

在刚刚开始的《大庆油田高含水开采技术研究》课题中，领导决定让王启民负责细分沉积相、细分层系调整和地质储量复算等几个专题研究。

王启民又担起重任，和试验组的同伴一起全身心地投入到新的科研攻关中。他们认真研究了薄、差油层的层间矛盾、层内矛盾和平面矛盾，找出油水运动的特点，通过细分调整，确认可开采的层系，并且和储量组结合，把现场试验和室内试验结合起来，把动态与静态结合起来，对全油田地质储量进行复算，测算结果比原来储量增加了16亿多吨，其中差层储量增加9亿吨，还提出了开采这部分油层的方法。

这项成果，打破了国外 0.5 米以下差油层不计算储量的传统做法，解放了人们的思想，为油田增加了后备储量。按着他们的方案，从 1980 年到 1991 年，打加密井 12000

多口，用差油层的产量补充了主力油层产量的下降，保证了油田的稳产。

➔ 要吃螃蟹爪里那点肉

★★★★★

差油层上了阵，顶了用，给王启民以鼓舞和启示，他要向"更差的油层"要油，把触角伸向了被人判了"死刑"的"表外储层"。

1984年，大庆实现了第一个高产稳产10年，开始向第二个"10年"进军。已经担任研究院副总工程师的王启民受命承担大庆油田1986—1995年第二个5000万吨稳定10年规划的编制任务。这是一个更远大也更艰难的目标。

上哪里去找更多的油？

王启民想到了"表外储层"！

所谓"表外储层"是指厚度在 20 厘米上下的没有列入"国家矿藏表"的特薄油层。这些油层含油少，胶结致密，渗透性很差。因此国外同行都认为它没有开采价值，不仅不能计算储量，连"矿藏表"都不能上，早已被判了"死刑"。

由于地层沉积的特殊性，大庆油田"表外储层"特别发育。特别是南部油田，这种层井井都有，每个油层都有，有的井像千层饼一样，层层叠叠。王启民认为，"表外储层"单看每一层，很"瘦"，但加起来却很"肥"。把它们丢弃不开采，是一笔极大的浪费，应该把它列入研究规划。

"如果这类油层开采成功，那么可以使大庆油田增加几亿吨的储量，等于为国家又找到了一个大油田。这是一笔巨大的财富。"想到这儿，他胸中的热血仿佛随之奔涌起来。

表外储层能不能开采? 怎么开? 如何才能让这些被判了"死刑"的宝贝们活起来? 这成了王启民自己给自己找的"哥德巴赫猜想"。

同志们听说王启民又突发奇想，打起"表外储层"的主意，都劝他说，表外储层里那点油就像煤矿中的煤矸石是石不是煤一样，几乎算不上油，国外没先例，国内没采过，咱大庆也把它列在"表外"了，可别找那麻烦了。有的同志说，你是一个敢吃螃蟹的人现实已经证明了，可是表外储层那藏在螃蟹爪子里那点肉，要想吃到嘴里有多难，可别扯了。

可王启民在心里想，表外储层毕竟不是煤矸石，螃蟹爪里的肉毕竟也是肉，就是敲骨吸髓也要把它吸出来。他越想信心越坚定。

为了解开谜团，变废为宝，那一阵子王启民像着魔一样，吃饭想，走路想，坐在办公室里想，经常下了班忘了回家，走迷了路不知往哪儿去。

一次他下了楼要到邻近的设计院去，他一边走一边大脑还在飞速地琢磨用什么办法才能把表外储层开采出来，不知不觉地他从这个门进去，又从那个门走出了设计院，直到一个熟人拦住了他，他镇静了好一会儿，才想到自己应该去哪儿。研究院的人说："跟搞哥德巴赫猜想的陈景润比起来，王启民就差没撞到电线杆上了。"

⊕ 油海探源

★★★★★

　　"人的正确思想不是头脑里固有的，也不是从天上掉下来的。只能从社会实践中来。"想到毛主席的教导，王启民直砸自己的脑袋，责怪自己又犯了脱离实际，只顾空想的毛病。

　　他决定走另一种途径。

　　他到岩芯库找来两块白垩纪时期形成的表外储层的岩芯，又把长期积累的相关资料找到一起，他想用这些东西当对象，经过认真观察研究，从研究大庆油田形成机理来解谜团，就能找到那把"金钥匙"，打开地宫之门。

　　那段时间，王启民把自己关在办公

室里，看岩芯，查资料，熬心血，解谜团。类风湿病犯了，腰疼脊背也疼，他就左转右斜，找到一个舒服的姿势坐着，同志们看了，给他的特有的坐姿起了个恰当的名字，叫"强直式"。

摆在桌上的两块岩芯，有一个上面稀疏地分布着比小拇指还细的条状油迹，有一个带着星星点点的油斑，含油砂岩约三分之一，其余全是泥岩，别人看来就是土坷垃一块，可王启民却把它们视为珍宝。经常拿在手里看，有时还要用放大镜反复仔细观察。那些厚厚的一沓一沓的资料，不知翻过多少遍了，可王启民还要如数家珍般地看了再看，算过再算。他与他们对坐，仿佛是在与遥远的远古对话。只有在这时。他才觉得自己的生命在汩汩流淌，那黑色的石油仿佛就是自己蓬勃的命脉。

王启民在油海中遨游。

他在这种遨游中探源。

那时人们看到王启民办公室的灯光经常亮到很晚很晚，甚至通宵不灭。

就是在这种遨游中，王启民回到了亿万年前，看到了当年山河巨变、原油形成的壮阔情景，逐步找到了自己的答案。

燕山造山运动，使这里发生了沧海桑田的巨变，一亿年前的情景仿佛浮现在眼前：在一个碧波万顷的湖泊的南北两侧，有数条水面宽达几公里的大河汇集到这里，每条大河又分成许多支流，每条支流连着数不清的涓涓溪流，以湖为中心形成一个大水网。岸边各种高大的植物郁郁葱葱，不时有成群的恐龙来这里饮水嬉戏。水涨水落，河湖反复泛滥，在地面上留下了一层层新的沉积……处处透着原始的蛮荒和难解的神秘。湖区周围发育成五个河流三角洲的沉积体系。北部一个最大的沉积体系直插湖盆中央，面积达几千平方公里：由于处于生油、储油的有利地带，又有良好的圈闭条件，汇集了丰富的石油天然气，这便是今天的大庆油田。

大庆油田是陆相沉积型盆地砂岩型油田。王启民认为，追溯形成大庆油田储层的地理环境，属于陆相大型浅水湖盆的河流——三角洲沉积。从平面看，主河道形成高渗透率的好油层，支流河道形成中等油层，小细流和沙漫滩形成差油层。而其中过渡性靠近泥岩、水流更弱呈千层饼状或砂泥搅混状的部分就成为"表外储层"。从纵向上看，不同时期河道摆动、三角洲边缘伸缩，就会形成好油层、差油层交相叠积，成为我们今天通过各种观察、研究手段所证实的那种状态。因此，可以说，不论什么样的油层，它们都是同源同根同脉的、有着千丝万缕联系的一个层系。就像一棵大树一样，不论是树干、树杈还是树梢，都是一个整体。

就是在这样一遍又一遍的"过电影"中，王启民的脑海中有一个概念逐步明晰起来：

"既然原油在运移聚集的过程中能进入这部分储层的孔隙中，那么表外储层中的油，用水驱办法也应该能把它采出来。""表外储层和其他油层，不存在能开不能开的差别，只有开采方法的难易之分。"

➡ 失败的考验

★★★★★

　　王启民经过探源，得出了结论，就积极地向大家讲这样的道理：既然生成原油后在运移聚集过程中，能进入这部分储层的孔隙中，而在油藏形成过程中地质构造又没发生过强烈的破坏作用，那么表外储层中的这部分油，就可以用水驱的办法把它开采出来。只不过是开采方法要更多样、更科学、更适合。

　　为了摸清"表外储层"的情况，王启民又组织人员，对油田 1277 口井的"表外储层"进行详细的统计和计算，单井最多 58 层，独立型的占 86.4%，最低占 57.9%，而且纵向叠加，多数地区在

50～60 层范围内。这说明"表外储层"具有大面积调整挖潜的条件。完全可以列入计划，采取措施进行开采。

王启民和宋永等，还根据这些井的不同特点，提出了多种开采方法，提供给领导决策时做参考。他们认为：通过缩小井距、细分压裂、强力注水、抽油机抽等方法来开采，就可以做到变废为宝、点石成金，让"死刑犯"活过来！

王启民和他的团队的赤胆忠诚、敢为天下先的首创精神、独到的令人悦服的理论见解和充分的各项准备，得到油田领导和石油部领导的高度肯定和大力支持，决定把表外储层开采列为大庆油田第二个"10 年稳产"试验研究的重点项目。

1984 年 12 月，试验组在杏树岗油田选择有利地区，采取新的布井方法打了 3 口试验井。井打成了，大家怀着喜悦的心情，盼望着"表外储层"出油的喜讯。可是，经过固井射孔后，却没有产量，完全失败了，给国家造成了 300 万元的损失。

面对惨痛的失败，王启民没有气馁。他从一根起出的油管上沾着几滴斑斑点点的油迹看到了希望，坚定地认为只要方法得当，必能取得成功。他与有关人员总结经验教训，重新审查计划，准备再战。在领导支持下，1986 年，他们在杏树岗油田南五区，开辟了一个小型试验区，打了

19 口油水井，取芯观察"表外储层"的情况。可能是受上次失败的影响，试验场上弥漫着一种不乐观的气氛。岩芯取出来后，现场技术员看了摇头，有关专家看了摇头，有关领导看了也摇头。但王启民没有摇头，他对负责试验的宋永说："你们要坚持下去。"最后通过对其中 7 口井的工业开采可行性研究、岩芯分析证明，有些井表外储层有 50

△ 王启民（成人左一）和大庆"五面红旗"中的标兵马德仁（成人右三）、段兴枝（右二）、薛国邦（右四）、朱洪昌（右一）一起给少先队员讲会战传统

多层，含油总厚度达 30 多米，压裂改造后每口井出油 6 ~ 8 吨。领导很高兴，决定 19 口井尽快投产。1987 年 7 月，19 口井全部投产，日产量可观。大家感到成功了，可以庆贺了，可没高兴几天，有一半井含水高达 60%，产量急速下降，又一次面临失败。

接连两次失败，对王启民是极其严峻的考验。考验他的智慧，更考验他承受压力的耐力。

表外储层坚硬致密，渗透性极差，是个"禁区"，开发它可以说是世界级的难题。两次失败引起人们的质疑、争论和批评。有的人说表外储层根本没有开采价值，外国早有结论，就不该上马！好心的同志劝王启民说，表外层是客观存在，但没有开发先例，你把它列入稳产计划，风险太大了。妻子陈宝玲也关心地对他说："老王啊，人家说你是敢吃螃蟹的人我信。但要看到，螃蟹壳里的肉好吃，腿里的肉也可以吃，但那尖尖爪里的肉可不好吃啊！万一卡在嗓子眼儿里，嚼不烂，咽不下，你可怎么办呀！不行就收兵吧！"

同志们和妻子的提醒，王启民感到有道理。这的确是一个困难大、风险更大的试验。但他想，搞油的人，心里要有油，思想要解放，还得敢为天下先。思想解放了，胆气大了，才能去想办法。我们依靠科技进步，没有办不成的事。他认为许多禁区是人设定的，人就能够打破它。他反复回忆几年试验过程，觉得自己判断没有错，问题不是因为表外储层不可采，而是不知哪个工作环节出了问题。

→ 成功的喜悦

★★★★★

在王启民看来，干前人未曾干过的事情，就是有风险难免要付出代价。只有俯卧在勇士脚下的高峰，没有横亘在战士面前的天堑。他决心认真总结两次失败的教训，找出问题症结，拿出解决问题的办法，尽快用成功的事实来说服大家。

他把自己的想法向局、院领导做了

汇报，领导上坚决支持他的决定，鼓励他带领试验组的同志们接着干下去，尽快拿出成功的硕果来。

王启民和宋永一起把全组同志召集起来，讲清自己的想法和决心，鼓励大家坚定信心，投入新的战斗。他们把试过的所有井的资料都集中在一起，一口井一口井地反复研究，反复分析，终于找到了前两次出现问题的原因，都是因为表外储层和表内油层隔层太薄，固井质量不好窜槽所致。在现场技术人员和工人们的努力下，经过52次封窜和堵水试验，使这些井恢复了正常生产，日产量稳定在8吨以上，产量远远高于外围小油田。

杏五区"表外储层"开采试验终于成功了。这成功，为大面积开发表外储层提供了科学依据和施工经验。

紧接着王启民和他的团队又开进北区，经过试验，不仅开发了那里的表外储层，还发现表外储层能把与它连通的厚油层的边缘滞留部分激活，使表内储层的注采关系得到调整和改善，为厚油层继续增产创造了条件。经过试验，把表外表内油层作为一个整体来研究，扩大了挖潜领域，对提高油田采收率起到重要作用。

"表外储层"开采攻关试验，王启民和他的试验组整整干了 7 年。在这漫长的时间里，他们对 1500 多口井做了地质解剖、分析和研究，在 4 个试验区的 36 口井上搞了试油、试采和注水开发，对 10 口取芯井的岩芯进行了观察、照相、取样测定和分析，取得了对"表外储层"的地质特征等比较完整的认识。终于使这些储层由表外列入表内，使"死刑犯"复活，变废为宝，为大庆继续稳产提供了新的资源保证。

表外储层的地质储量，经反复研究核算，可达 7 亿多吨，这批可动用储量投入开发，不仅为大庆油田持续稳产加上了一个极重的砝码，而且具有重大经济价值：这些储量如能采出 2 亿吨，每吨油价格按 1000 元计算，等于为国家找到了 2000 多亿元的潜在财富；如果国家要新探明 7 亿吨地质储量，光勘探费用就需要 91 亿元，这项试验成果等于又为国家节约了一笔巨大的资金投入。

表外储层的开采成功，大大解放了人们的思想，扩大了油田开发的领域，也取得了一些新的理论成果，同时还促进了石油地质研究和钻井、测井、采油工艺等多方面的技术进步。

这有形的价值可以计算，王启民这种不仅敢吃螃蟹，还敢吃螃蟹爪子里那点肉的敲骨吸髓的执着攻关精神，为大庆精神、铁人精神增添了新的时代内涵，这对后来人所产生的巨大影响，其价值是无法用金钱来计算的。

王启民的小本子上记着一个座右铭。那是他经常引用的居里夫人的一段话："科学探讨研究，其本身就含有至美，其本身给人的愉快就是报酬，所以我在我的工作里获得快乐。"

看到"表外储层"开采所取得的果实，王启民一个人坐在办公室里，抚摸着那两块已经摸光了的岩芯，露出了欣慰的微笑。他从7年的辛苦中看到了大庆油田的希望，尝到大胆探索、自主创新的快乐！

这种成功的喜悦，大家都能体会得到。

关键时刻冲得上

→ 严峻的时刻

★★★★★

参加工作 30 年，王启民一直活跃在科研第一线，一直工作在采油队，生活在采油工人中间，收集资料以万计，写出的总结、报告、论文上百篇，参加的课题几十个，得奖的项目有十几个。就是由于他长期深入基层，从不脱离群众，扎根在科研活动中，所以每到关键时刻都能拿出自己的见解、主意和办法，是大庆科研斩关夺隘、攻坚克难的急先锋。因此，每到关键时刻，领导也都愿意找他商量问题，听他的意见，希望他挑起大梁来，担起更重的担子。

进入 90 年代，中国石油面临着极

为严峻的形势。改革开放以后，中国经济飞速发展，石油需要量猛增，全国能源形势十分紧张。为此，石油部党组做出了"开发西部，稳定东部"的战略部署，要求大庆要"硬稳定"，年产 5000 万吨不仅不能降，还得稳定下去。王涛部长几次提出大庆要稳 25 年、30 年，一点也不能含糊。这对大庆油田是更为严峻的考验。

大庆形势又怎么样呢？

1990 年，大庆已经稳产了 15 年，进入了特高含水期。一个不争的事实震惊了所有搞油的人。那就是如果"八五"期间，大庆油田仍然保持年产原油 5000 万吨，油田综合含水将上升到 86.36%，同期年产液量也将猛增近 4 亿吨。这将大幅度增加工程量和投资额，使开发效益明显降低，而要控制液量的剧增，又将导致原油产量大幅度下降。这表明，大庆油田继续走世界上沿用的"提液稳油"的老路那就陷入了绝境。

当时的石油管理局局长王志武，心想大局，看清形势，尊重客观规律，从油田实际出发来谋划油田长久发展的大计。他召集领导班子开会，动员各部门和有关单位研究各种规划措施，力争做到油田持续稳产，保证国家需要，又要控制含水上升，减少投入。他反复让大家研究能不能用现在的开发手段，既保持原油稳产，又能把含水高峰期向后推迟 5 年。他对大家说，如果含水这么涨上去，产量下滑，工程量大投资高经济效益也要下滑。我们不能这里（注水井）白做功，那里（抽油机井）白磕头，整天落个白忙活。

油田上下,特别是一万多名科技人员,都积极行动起来,为怎样做到"少投入,多产出"而费心劳神。人们急切地盼望着能尽快拿出更好的办法来!

⊙→ **他拿出了一个"五字""四码"法**

★★★★★

此时的王启民，已经是有 30 多年丰富经验的地质专家了，变得更加成熟和自信。根据大量的第一性资料研究和自己的分析判断，他认为在一段时间内油田稳产不成问题，含水也在可控范围内，关键是要有相应得力的科学办法。

王志武到研究院来征求专家们的意见。

他问王启民："会不会出现这里白做功，那里白磕头，全年落个白忙活的情况？"

王启民答："不会！"

王志武又问："运用现在的开发技术手段，能不能既保持油田稳产，又能把含水高峰期向后推迟 5 年？"

王启民回答："完全有可能！"

王志武又问："用什么手段和办法？"

王启民说："我们正在研究。"

王志武最后说："那你们抓紧，尽快交给我！"

按照局长的要求，王启民和战友们白天下现场，晚上扎在资料堆里，把成千上万口井的资料分类对比、分析研究，最后得出结论：只要发动工人精细掌握油水分布情况，针对含水差异，采取综合措施，搞好注水和采液结构调整，就能实现稳住原油产量，控制住含水上升。他们制订一套可行性措施叫作"注、堵、提、压、打"五字法。简单说，就是调整油水井比数，把高含水油井转"注"；对油井中的特高含水层进行"堵"水；对中低渗透率油层加强注水，"提"高产量；对油井中动用差的油层进行"压"裂改造，提高生产能力；对没有动用、动用很差的油层及表外储层在井间"打"加密井，进行挖潜，搞好产能接替。为了让领导和同志们能形象地看出他们的意图和规划，1991年新年过后，王启民和任永林总工程师，与规划室的同志们一起绘出了一张《油田含水高峰期后推五年图表》，大家一看，有些事情一目了然。

王志武听了他们的汇报，又看了他们的《图表》，非常高兴。

他问大家："指标怎么提好？"

王启民和任永林等边议论边回答："根据我们已经掌握的资料，老井转抽'八五'还可以保持增油6吨，老井压裂能增9吨，新井投产能增10吨左右。通过分层堵水，可以控制油井大量出水，对周围油井还能增加驱油效果，起到增产作用。"

王志武越听越来劲，最后加上自己的意见说："堵水争取达到3吨。这样咱们就可以搞一个'3、6、9、10'四码工程了，就这样定了！"

经过一段工作，在1991年年初的技术座谈会上，大庆油田做出了"稳油控水"的战略决策。

稳油，就是油田产量要稳，"八五"期间年产5500万吨不能降，年产5000万吨要稳产到2000年。

控水，就是控制不合理注水，控制不合理产水，尽可能调整油田开发中的各油层间和同一油层不同部位间的矛盾。

执行这一方针，大庆油田的开发开始了一个新纪元。

△ 为搞清石油生成原理，王启民在观察和研究岩芯

"巧干三年不过一"

★★★★★

　　"稳油控水"，这是一项巨大的系统工程，涉及到以沉积相为重点的精细地质描述等九大技术系列和上百项攻关课题。局机关、研究院等各相关部门、各采油厂、矿、采油队，有上万名专家、科技人员、干部、工人参与其中。他们在各自的岗位上，各尽其能，各显神通，为这项伟大工程的实施，做着自己的贡献。

　　王启民，当仁不让地冲锋在前，发挥着别人无法替代的作用。

　　经过一段时间的实施，取得了明显的效果。王志武局长想到，"稳油控水"，把含水上升控制在什么范围内，需要有个控制指标，让全油田有个可以遵循的奋斗目标。正好得到通知，中国石油天然气集团公司（由石油部演变而来）总经理王涛要来大庆检查"稳油控水"工程，听取汇报，也应该向领导讲清楚，于是他再一次来到研究院。

他找到王启民，问他："每年油田含水上升率最高限能控制在什么水平上？"王启民略做思考后，回答说："按我们的认识和实践，如果能搞好精细注水和找水堵水工作，每年可以控制在0.3%左右。"

王志武听了有点吃惊，就问能达到吗？王启民、任永林等在场技术干部都说："能！可以这么提。"

含水上升率控制在0.3%太高了，为了留有余地，王志武说可以控制在1%以内。他提出了"苦干三年不过一"的口号。大家斟酌以后觉得搞科研光苦干不行，得巧干，又改为"巧干三年不过一"。

后经充分讨论和专家论证，确立了"巧干三年不过一"的目标，准备向来油田视察的王涛总经理汇报。

王涛总经理来到大庆后，王启民向他详细汇报了大庆稳油控水的情况，汇报了"巧干三年不过一"的内容和将采取的措施；王志武向他汇报了这个口号形成的过程。王涛得知还有个"0.3%"内部说法之后，非常高兴地说："油田高含水后期，含水上升率每年控制在1%之内都不容易，要达到 0.3% 几乎是不可能的。你们要按照上报的 1% 执行，努力达到 0.3%。实现这个目标，我给你们发磨盘大的金质奖章!"

王志武局长当场立军令状：一定达到 1%，向更高目标努力，表示要把工作做细、做好。

散会后王总握住王启民的手，赞许地说："每次听你王启民汇报都受一次鼓舞，好好努力吧。"

→ 遥望南天英雄泪

★★★★★

王启民深知，稳油控水不仅关系到企业的兴衰，更关系到石油工业和全国经济发展大局，关系到国家能源战略安全。因此，就更加"好好努力"地工作。

1992 年，正当他为实现"巧干三年不过一"而日夜苦干、巧干时，弟弟来信，告诉他 81 岁的老母亲病危，盼着他回去。信里说，母亲得了脑溢血，不能说话，但用手点着照片，盼望大儿子回去最后看一眼。信中写道："我们弟妹三人忍着悲痛呼唤你：'大哥，为了母亲能安心离去，你无论如何也要回来一趟！'"

读着这令人肝肠寸断的家书，王启民泪流满面，他感到欠父母的太多。1960 年身残年迈、为儿女辛劳一生的父亲病故，他在大庆实习没能赶回去见上一面。父亲去世后，家里没了经济来源，两个弟弟初中没读完就参加工作，当了工人。家里全靠老母亲一人承担。如今，她老人家又将离去，自己多想回去扑进母亲怀里哭上一场啊，如果向组织请假，不会不批准。

他手拿来信，准备去找领导请假。可是转念一想，又打消了这个念头。当时，稳油控水研究试验处于关键时刻，"巧干三年不过一"课题刚刚起步，作为项目主要负责人，他不能离开。他看看日历，已经是 9 月，稳油控水方针的落实情况，示范区的试验效果及下步对策，要在年底的技术座谈会上讨论；院里各项科研课题落实情况，应该解决的问题，年底前的成果鉴定，明年攻关项目的确定……这一切都要在这短短的几个月内完成，自己作为院里主管科研的领导，必须逐项过问，日程排得满满的，每天加班加点还觉得时间不够用，哪有时间请假离开呢?！他把弟弟的来信装在口袋里。可就在这一刹那，自己唯一一次回乡要返庆时，和母亲告别时的情景又浮现在眼前。

那是 1989 年，他到离家有百里的杭州开会，同行的同志们去南京，他才抽空回去小住 3 天。他已经 23 年没回过家乡了，年逾古稀的母亲已满头白发，一脸皱纹，望着母亲那慈祥的面容，他一阵阵心酸。自己从参加工作就没回过几次家，这次分别还能再见面吗? 母亲拉着他的手问这问那，看他瘦弱的身体一再嘱咐他要照顾好自己。他自己的儿女都已成年了，母亲还是把他当成小孩一样不放心，真是可怜天下父母心啊! 他要走了，母亲不顾年迈体衰，送了一程又一程，满面泪水，嘱咐他："一定要抽空再回来看看妈，妈没几年活头了。"姨妈背后也说:"你妈有如果故去那一天，你一定得回来，你妈这辈子太苦了。"直到离家很远，回首一望，母亲还在招手……

母亲在招手，油田在呼唤，最后王启民痛下狠心，决定舍小家顾大家，不请假了。他拍两次慰问电报，寄了两次钱，安慰病重的老母，请求她老人家的原谅，也请求弟弟妹妹们的谅解。

当接到电报，得到母亲去世噩耗时，王启民手拿电报，站在窗前，遥望南方，泣不成声，流下了痛心彻骨的热泪。他在心里想，老母亲虽为家庭妇女，但深明大义。她能理解儿子是为了油田稳产大业而不能离开，会含笑九泉的。

自古英雄忠孝难两全。30 多年来，王启民不知破解了多少难题，可是他却没有解开这条铁律。他和许多英雄一样，同铁人王进喜一样用打井拿油、稳油控水的大业，用以身许国、忠诚报国的成就来孝敬父母，安慰家人。王启民自己觉得心怀愧疚，没有破解这条定律，可大家却认为，他做出了一个合格的答案。

→ 攀上新高峰

★★★★★

　　"稳油控水"的战略调动起全油田
几万名科技人员和广大职工的积极性。
大家都为实现这一宏伟目标而努力拼搏。
　　王启民这位石油开发的科技闯将，
把全部精力都放在全油田稳油控水规划
和结构调整上，及时组织院里各科室同
志进行各种研究，终日不是下基层了解
情况，就是俯首在各种图表资料里，分
析解决各种问题，寻找实现"三年不过一"
的成功的途径。经过群策群力和严格论
证，他提出了一个"三分一优"的调整
原则和具体做法。"三分"：一是全油田
进行分地区结构调整；二是在各地区（厂）

进行分类井、分层系结构调整；三是在各类井中针对各层含水高低不同状况进行分级调整。"一优"是采取全方位的优化综合调整措施。

实践证明，在实施"稳油控水"工程中，"三分一优"的结构调整方法是成功的，使大庆油田实现了三年平均含水上升率不超过1%，1995年油田综合含水不过81%，有效地控制了油田产液量的剧增，与国家审定的"八五"油田开发指标相比，5年累计多产油610.6万吨，少产液24749万吨，加上少注水、少作业、少用电、少建配套工程，累计增收节支150亿元。不仅获得了显著的经济效益，而且使大庆油田连续20年保持年产原油5000万吨以上稳产，同时还为进一步延长油田稳产期创造了条件，这在世界同类油田开发中是前所未有的，大庆人又攀上了油田开发的一个新的世界高峰。

从1992年开始，这一项目的总体思路、基本方法和关键技术，在我国各主要油田普遍推广，为进一步提高石油工业全行业经济效益，提供了有益的借鉴和可行的途径。为"稳定东部，发展西部"立下了汗马功劳。

这项系统工程凝聚了全油田广大科技人员的心血和智慧，王启民作为主要参加者做出了突出贡献。

不用扬鞭自奋蹄

→ 世纪的重托

★★★★★

到 1995 年，大庆已经年产 5000 万吨以上满 20 年，实现了"年产 5000 万（吨），稳产再 10 年"的宏伟目标。这年的 9 月 26 日，召开了一个隆重的大会，热烈庆祝大庆油田发现 35 周年和 5000 万吨原油稳产 20 周年。沉稳的王志武局长用洪亮而轻松的口吻回顾了过去的工作，总结了长期稳产的经验，也畅谈了未来。参加大会的人们热血沸腾，兴高采烈。

会后，人们分享着胜利的喜悦。有人想着怎样继续大干，保持稳产；也有人很现实地在想，能用的办法几乎都用完了，大庆再稳产可以说是难上加难，按自然递减规律，应当允许考虑"降产"了。

可是，当时全国经济社会发展形势非常好，对石油产品需要大幅度增加。勘探有点跟不上，大庆这个共和国长子的地位，还没有哪个小弟弟来代替，党和国家要求大庆必须继续稳产下去，要稳到新世纪，稳到2010年。

就在庆祝大会召开时，江泽民总书记送来了题词："发扬大庆精神，搞好二次创业。"

不久，李鹏总理在接见大庆石油管理局领导班子成员时，称赞"大庆为全国做出了榜样，大庆始终是全国的一面旗帜"。要求大庆"5000万吨稳产再保持10年"。他恳切地说："这对我们整个国民经济、对我国能源工业的发展，对实现'九五'以及今后10年发展目标都具有十分重要的意义。"在座的中石油集团的领导王涛、周永康牢牢地记住了李总理的指示。后来，李鹏到大庆视察，在接见研究院科研人员时说："实现年产5000万吨原油稳产到2010年是功德无量。"他给大庆的题词是："科技研究领先，保持油田稳产"，"铁人精神代代相传"。

另外，吴邦国、朱镕基、邹家华都做了内容相似的批示。

这是党和国家对大庆的信任和嘱咐，是世纪的重托，大庆石油人感到任重而道远，光荣而艰巨。

"持续稳产"这篇大文章，并不十分好做：一边是辉煌的油田稳产蓝图，另一边却是油田面临的并不美妙的形势。

　　时光转至 1995 年，开发了 35 年的大庆油田已进入高含水或者说叫超高、特高含水开采期，有的井已经含水高达 95% 以上。油田开发早期那种钻一个眼就喷油的自喷阶段已经一去不复返了。接下来的注水驱油、机械采油、加密再加密，吃完了肥肉啃骨头，就连吃爪子里的肉的"敲骨吸髓"的办法都用上了，"稳油控水"也达到了极限，下一步再用什么方法来多拿油，保稳产真是说不上来。

　　油田党委、石油管理局领导认真贯彻中央领导的指示、批示、题词精神，发动各级班子、科技人员、全体干部、工人都来结合自己工作，动脑筋，想办法，出主意，共同商讨保持油田稳产到新世纪的长久之计。

　　人们热切地盼望着能有人早点想出新主意，找到新途径，拿出"金点子"。

➡ 稳产攻关的"三字经"

★★★★★

在科研院，有一个人早就在琢磨这个问题。

他就是王启民。

王启民从 1960 年到大庆实习开始，参加了从白喷、注水采油、机械采油的全过程，参加了从温和笼统注水、强化分层注水、主力油层挖潜、差油层动用乃至"表外储层"开发、稳油控水等几乎全部采油工艺技术研究，对油井含水从百分之几到 50%、80% 乃至 90% 以上的过程了如指掌，对采油速度、采收率的变化也一清二楚。因此，他对油田进入高含水期、甚至特高含水期开发难度早有预料，他深知早已用过的各种手段单纯依靠哪一种肯定不会再奏效，所以早在1993年就开始了对新技术手段的研究探索，酝酿新的稳产方案。

他和他的团队里的伙伴们跑现场、搞调研，收集了大量的资料，画出无数的图表，进行过无数次的理论计算，最后得出结论：要实现稳产到新世纪宏伟蓝图，只能向新技术、新方法要油，必须向更高甚至极限采收率挑战。最后又订措施拟方案，经过一两年的呕心沥血，终于打出了腹稿，形成了一个全新的方案。

由于进行了几年的扎实工作，他对自己和战友们制订的新方案充满信心，准备择机向领导汇报。

1995年8月，在中国石油天然气集团公司召开劳模大会期间，王启民向总经理王涛正式汇报了自己的想法，拿出了他们团队的新方案。他把这个新方案叫作"三字科技攻关战略"。这个新方略的核心是这个"三"字，简要地说就是依靠三次采油、三次加密、三低油藏有效开发，来实现原油产量的接替，保证油田长期稳产。

王涛总经理肯定了这个"三字科技攻关战略"，指示有关部门和大庆加以研究和论证并组织落实和实施。后来，这一战略成为1996—2010年大庆油田长远发展规划方案的主体和灵魂。大家说，这次王总给我们拿出了一个新"三字经"。

得到肯定以后，王启民和战友们接着做工作。经过广大科技人员、采油工人、干部参与，经过现场实际试验，形成了大庆"三次采油"的整体思路和完整方案。

这个新思路、新方案概括地说，就是依靠三次采油、三次加密、三低油藏有效开发，来实现原油产量的接替，保证大庆可持续发展。

找到和利用的新科技、新手段就是利用聚合物驱油，在开采方式上向"三次采油"阶段转变，油田进入水驱和聚合物驱油并举的新阶段。这样，油田年产油量将继续保持5000万吨以上，并将延续到2000年以后，保持到2010年也不是没有希望。

→ 他的字典里没"退"字

☆☆☆☆☆

新方略面世并得到领导肯定以后，王启民深受鼓舞。已届退休年龄的他，忘记了困扰自己大半生的"强直性"类风湿病的病痛，忘掉自己已年老体弱，像年轻人一样又投入到"三次采油"的战斗中，再次担当起重任，率领他的团队，把攻关目标锁定在采收率极限上，比以往任何时候都忙。

1995年，王启民58岁。在一般人看来，这是应该考虑"退"的时候，考虑清闲下来，享享福的时候了。可是，敢争天下第一流的科技闯将王启民的字典里，只有当年写的那个"闯将在此"的

"闯"字，没有"退"字；只有熬心血的"熬"字，没有"享"字。

有一次，他应邀到一个油田去做技术指导，这个油田的领导要把他留下，答应给他更高的职位、更高的待遇，只要他点下头就行了，他没有点头。他说："我不是一个当官的料。与其当不了一个好官，还不如实实在在在大庆为油田解决一两个问题。再说我已经融入大庆人之中，融入大庆油田几千平方公里土地之中，分不开了。"

总公司一位领导看他顽疾缠身，年纪又大了，该找个归宿了，就对他说："你身体不好，年纪又这么大了，又是个南方人，自己考虑选个地方吧。愿意上北京也行，去南方哪个油田也行，组织上可以考虑。"他没有考虑，干脆地回答说："大庆的情况我熟悉，哪儿也不去！"

知夫莫若妻。深爱着王启民的陈宝玲，整天看着他躬着身子下井场，用手顶着腰部整理资料，用特有的"强直性"姿势上下楼，心疼得落泪。就用一次出差的机会找老同学为他联系调往北京规划院去工作。商调函来了，他大发其火："要去你自己去，我的事业在大庆。"干脆在个人意见栏里写上"我不同意"，然后签上自己的名字。

陈宝玲也来了气："我一个人去算怎么回事？你若不去，咱们就离婚。"情急之下，她真的写了一份"离婚协议书"

让他签字，王启民拿过来就挥笔签上："我同意！"

看着王启民这种一贯认真的傻样，陈宝玲哭笑不得。只好说："老王啊老王，我可真拿你没办法了。咱们就在大庆白头到老吧！"

王启民没有别的奢望，他只是想把自己想干、该干的事情干好，让大庆油田稳产延续下去。

➔ 在迎世纪的战斗中

☆☆☆☆☆

经过思想、理论、物资、资金等全面准备，一场迎接新世纪到来的"三次采油"战役在百里油田上打响。王启民和伙伴们的伟大构想正在变为现实。

管理局"加快油田三次采油现场工业化推广应用领导小组"成立以后，抓紧工作，雷厉风行。聚合物驱油现场试验紧张进行，还有其他的化学助剂驱油，比如多元泡沫驱、三元复合驱先导性矿物试验也开始进行，都卓有成效。

1995年11月，世界最大的聚合物生产基地、年产5万吨聚合物的生产装置在油田化学助剂厂正式投产，随之白色颗粒状的聚合物滚滚而出。

1996年8月初，在大庆油田采油一厂，中国石油天然气总公司副总经理、局党委书记张轰，中国石油天然气总公司总经理助理、局长丁贵明同时按下配给站主控室装置起动器按钮，聚合物溶液源源不断地流向6个注入站。至此采油一厂第一期注聚合物驱油工程全部建成投产。这标志着大庆油田注聚合物驱油工程将从现场试验进入大面积工业化应用阶段。

11月16日，在萨中 II 聚合物配制站投产剪彩大会上，丁贵明局长宣布："我局今年注聚合物工业化取得了胜利！"至此，大庆油田已投产年配制聚合物干粉能力1万吨以上聚合物配制站4座、聚合物注入站18座。1996年新投注聚合物区块4个，面积47.46平方公里，新投聚合物注入井290口，采油井444口。仅采油一厂聚合物驱日采出能力已近4000吨，接近全厂总产量的十分之一。预计到

2000年全油田聚合物驱产油量将接近800万吨。

聚合物驱油，就是把不同分子量的聚合物用清水调配后，注入不同的油层中，利用它的调剖能力来驱油，使各个油层都多出油，从而提高产量，提高采收率。但国内外普遍认为这种方法不可能有效。我们要用一种新思路、新认识、新实践，来打破这个老框框、洋框框。作为油田勘探开发研究院副院长，王启民带领大家，以一种崭新的面貌和少有的活力，在推广实践中分析开采新动态，发现和解决新矛盾，研究发展聚驱开采中的配套技术，达到开采效果，干得比年轻人还欢。有人问："王总，别说您已经功成名就了，就凭60岁这个年纪也该歇歇了，怎么还拼命呀？"王启民笑着回答："老天也会眷顾拼搏的人。你看30年前医生就判定我要终身瘫痪，可到今天我还能走，还能工作，这是享多大的福呀！"

经过实践，王启民抓住主要矛盾，形成一种思路。他认为从油藏工程上看要着重解决三大矛盾：一是如水驱一样，聚驱同样要解决层内、层间和平面三方面矛盾；二是用清水配置聚合物溶液，采出的污水怎样利用；三是聚合物用多了以后，后期开发效果变差，这时怎样进一步提高采收率和控制成本。这是他和同伴们努力研究和实践所取得的新认识。

→ 心血浇出"稳油花"

★★★★★

　　"三次采油",是用化学助剂把各类型油层的油驱赶出来,在大庆油田开发史上是一次深刻的变革,工艺更复杂,科技含量更高,涉及领域更广阔。因此,从 1996 年从现场实验进入大规模工业化应用以后,不论从理论上还是从实际上,难题一个接一个地出现。王启民不仅要熬心血,还要出苦力,亲自动手解决一些难题,带领大家攻坚克难。

　　聚合物需用大量的矿化度很低的清水来配制,会造成水资源的极大浪费,而注聚以后,这些水都变成污水外排,不仅污染环境,还造成很大的成本负担。为了解决这个问题，王启民日思夜想，吃不好也睡不好。有一天，他忽然想到，如果有一种分子量高、抗污水能力强的聚合物，不就可以用污水代替清水进行配制，那这两方面的难题不都迎刃而解了吗？没搞过化学的王启民决定找有关专家请教。他亲自带人到北京和上海各高等院校和化学助剂厂去求教、求援。在各方面支持、配合下，经过三年一千多个日日夜夜的艰苦攻关，研制出一种适合大庆油田地下条件的高分子量、抗污水能力强的新型聚合物。

△ 王启民在做室内试验

这种新产品投入使用后，阶段提高采收率 15.92%、试验区中心井含水下降 41.4%，实现经济效益近 3 亿元。

大家说，这"一招解双难"，还是我们王总厉害。

在杏南油田聚合物开发中，需要一种对水源水进行脱盐处理的脱盐机。一个厂家和试验区达成协议，办了手续，等着王启民签字。王启民看过说明书、质量鉴定书等相关材料，算了一笔大账，觉得这种脱盐机一台 2500 多万元，一次性投资这么大，后续膜处理技术费用更高。关键还在于它只能解决水源水脱盐问题，不能解决污水处理问题。他想和厂家商量，看能不能从长远出发，搞搞革新，开辟中低分子量聚合物脱盐的新途径，彻底解决问题。

厂家哪想这么多。他们迟迟拿不到签字，以为这位王总是故意拖延，便展开攻关。几经周折，找到了经常给王启民治病的一位医生，以给他的积压保健品找销路为条件，让他给王启民捎话，只要签字，就给 70 万元辛苦费。遭到拒绝后，又捎话说要会会这个"老家伙"，看看到底是个什么人。见面后，王启民本想和来人商量一下他思考的"长远大计"，可话不投缘，没说几句就闹翻了。来人说："给你钱都不要，60 多岁了，不在家好好待着，还在这儿耗什么？"一听这话，本想长谈的王启民也来了气，他斩钉截铁地说："70 万元就想扳倒'铁人'这块牌子，你回去好好想想吧！你说我耗什么，说了你也不懂！"

是的，这个人不会懂，但我们懂！

看看三次采油取得的巨大成果，我们就能明白年过花甲的王启民在耗什么。

2002年，大庆油田三次采油工业化区块达到25个，总面积260多平方公里，总井数4763口，动用地质储量4.38亿吨，年产油已经突破1100万吨，聚驱产量成为大庆原油生产的重要组成部分。聚合物驱油技术——无论在驱油理论上、配套技术上，还是工业化应用规模和原油产量上，大庆油田都处于世界前列。在这次较量中，王启民和他的战友们又一次获得了胜利。

2003年，大庆打响了"持续有效发展，创建百年油田"的高科技新会战。年届古稀的王启民，又意气风发地走上了新征程。

据王启民推算，仅靠三次采油就能拿到10亿吨储量。

王启民这位久经沙场的石油地质专家，对油田的未来充满了信心；这个在油田一次创业中立过大功的元勋，在刚刚开始的二次创业中又书写了最为浓重的一笔。

中国石油天然气总公司副总经理周永康说："王启民同志是石油系统卓有成就的地质专家，是大庆油田二次创业的健将，是新时期的铁人。"

平凡而伟大的人格力量

→ 在妻子眼里，他是一个要油不要命的"稳产迷"

★★★★★

　　王启民敢为天下先，在大庆开发建设、特别是油田稳产的每个时期都做出了卓越的贡献，取得了显著的成果。在为国争光，为民争气，熬心劳神，奋力拼搏的过程中为我们树立了光辉的榜样，表现出一种平凡而伟大的人格力量，每时每刻都在感动人、影响人。而对这种感染力体会最深的首先是与他接触最多、离他最近的人。

　　我们先从他妻子说起。

　　王启民经常说，这大半生感到有两

个人最对不起：一个是母亲，生命最后一刻，也没回去见她老人家一面；一个是妻子，让她把孩子生在半路上，大雪天自己抱着女儿回北京。

谈起当时的情况，他妻子陈宝玲说，当时何止是"对不起"，甚至有点恨他。可是没几天就释然了，恨变成了敬佩。

1963 年 11 月，陈宝玲要回北京生孩子，王启民只把她送上了火车。她躺到卧铺上就开始腰酸肚子疼起不来了。对面大娘赶快找来列车员。列车员说："车上没大夫，前面是锦州，那里医院条件比较好，我们帮你联系一下。"

陈宝玲怕出意外，也不愿给车上添麻烦，就在锦州下了车。车站的同志很热情，把她送到铁路医院不一会儿，孩子就出生了。

看到别人的亲人都守护在身边，陈宝玲感到自己和孩子远在异乡孤苦伶仃，心里很酸楚。尽管有几位素不相识的热心人给她煮鸡蛋、送红糖、煮小米粥，忙前忙后，心里还是不好受。心想，你工作再忙，也不能丢下临产的妻子不管呀，从内心里生出一股怨气。等 3 天以后自己撑着虚弱的身体，抱着初生的女儿，在风雪中登上南下的列车时，这股怨就变成恨了。

回到温暖的家，有父母的照顾，看着宝贝女儿，陈宝玲平静下来。她在心里想，自己是学地质的，也是个科技干部，了解油田。应当清楚，在油井见水，面临水淹降产外国权威说三道四的紧急关头，就需要有人站出来，急国家之所急。王启民"敢笑天下第一流"，舍下小家顾油田去搞"分层强力注水"试验，处于关键时刻，不能来送自己是唯一正确的选择，没啥对不起人的，自己应当理解，不应怨恨。想到他不顾类风湿病痛，躬着身子下现场的情景，一股爱怜、思念之情油然而生，那股怨恨之气，烟消云散。

当她回到大庆看到王启民因试验成功而高兴时，说咱们是"双喜临门"。当听到有人说他们是在风雪里生了一对"双胞胎"时，从内心里感到骄傲和幸福。

从那以后，陈宝玲更加关心自己的丈夫。从工作到生活，从健康到起居，她成了他的保护神，甚至当起了监护人。

王启民几乎把全部精力都用在工作上。不是下现场，就是在办公室里看资料、搞对比。一进办公室，就等于进了让他情醉神迷的"地宫"，想不起回家。每到后半夜，陈宝玲不是去找他，就是打电话："快回来吧，要不人家看门师傅也得成宿拉夜地陪着你，不敢锁办公楼的门！"

对此执勤岗警白如华说："王总工作到下半夜是经常事。有时夫人打电话来催好几遍还不走。我在这儿执勤两年了，每天晚上几乎都是他最后一个离开！"

陈宝玲最牵挂、最担心、有时也是最生气的就是王启民不知爱惜身体，不把病当回事。

陈宝玲知道 1960 年实习，王启民得了类风湿，但病到什么程度她不十分清楚。

1961 年一起来大庆分在地质指挥所，分住在单身宿舍。有一天晚上开完会，她去给王启民洗衣服，让他把袜子也脱下来。他腰疼得竟不能哈腰解鞋带，这时，陈宝玲才知道王启民的病有多么严重。打那以后，见面就劝他注意身体，可王启民不当回事。仍然坚持常年下现场，搞试验，不管刮风下雨，也不管冰天雪地。因此强直性腰椎脊椎炎一直没认真治过，一天比一天重。1965 年大发作一次，躺下坐不起来，坐着站不起来，站起走不了，得活动好半天才能做下一个动作，但他还是咬牙天天挺着。1969 年，风湿病上了眼睛，他两眼红肿，看不清东西，可他还不去治，仍然天天上夜班，不停地看资料、画图表、做演算。医生检查完说，再不治有可能失明，甚至全身瘫痪。这时院领导做出决定强迫他去汤岗子疗养院疗养和治病。

在汤岗子疗养院治了几天，病情好转，

眼睛能看清东西了，王启民就张罗要出院，陈宝玲知道了坚决不同意，过了几天，他自己感觉大有好转，又张罗出院，说家里有这个事得去办，那个材料得去看，哪口井有什么问题得处理，急得火烧火燎。医生认真检查完说，还差得远，这个病不花时间彻底去根，控制不住，后果不堪设想。这回陈宝玲急了，找领导汇报情况，院里再次决定不准他出院，才被逼坚持治疗了三个月。

从汤岗子回到大庆，王启民又同以往一样全身心地投入到稳产科研中，一直带病坚持工作，再没集中治疗过。

陈宝玲知道，王启民完全是凭着坚定的意志和不怕苦、不怕死的精神，在同病魔做顽强的斗争。1975 年冬天，搞"主力油层挖潜"试验，摔倒起不来，王启民硬是以顽强的毅力一点点活动身体各部位慢慢站了起来。陈宝玲觉着自己的丈夫是个扳不倒的硬脊梁，应当相信病魔也拿他没办法，慢慢也就放了心。

从长期与这个老病号共同生活中，她看出王启民也不是不顾命、不管病。他有一套自己健身抗病的办法，比如在办公时，他能找到一个适合自己"强直性腰椎脊椎炎"的姿势坐着。这种姿势被媒体称为"强直式"。累了就起来做运动，就攀着门梁做引体向上。他不玩扑克，不打麻将，但一直坚持打乒乓球。王启民常说老天会眷顾拼搏的人，医生说我会怎么样，我相信不会，有这个信心!

陈宝玲慢慢体会出，有一个健康的心理状态、愉快的心情，是王启民战胜疾病的法宝。她说，王启民的几个本子上都抄有居里夫人"科技有至美"、"愉快是酬报"、"在工作里寻得快乐"的语录当座右铭。所以他懂得"工作就是王启民的快乐"，只劝他注意休息，保持健康，从不阻拦他工作。

王启民当上处级干部以后，有了医疗保健"小红本"，看病抓药可实报实销。孩子们想沾点光，用他的红本开点药，他坚决不准许。陈宝玲用"小红本"给他开药他也不让。有一次陈宝玲给他开了几盒治腰和健脑的药，王启民说腰病是老病了，不用吃药，年纪大了记忆力减退，补也没用，不要再开了。这个"小红本"从发到取消，总共才用过两次，加起来也不到200元钱。王启民战胜疾病自有一套别样的疗法，这也映照出这位新铁人奋斗人生的一种别样的风情。

陈宝玲说："他这个人就知道'稳产、稳

产',没什么比工作更重要的了,是一个要油不要命的'稳产迷'!"

→ 在儿子眼里,他是一个公而忘私的好党员

★★★★★

1992 年,王庆文从哈工大自费读完大学,毕业回大庆,分到化学助剂厂油品车间火车装车场,先是当清油工,后又当装油工。

清油工,这可能是这个厂里最脏最累的活了。每天要在原料油或者成品油大罐或油槽车上下、内外清洗污油,又脏又累又呛,有时甚至得钻到罐里去清洗,又闷又呛,连气都喘不过来。

装油工,也不比清油工好多少。

他同学和对象也在这个厂催化车间当操作工。

有的熟人见王庆文穿着油工装，爬上爬下在干活，就说："这孩子咋干这个活，他爸是专家、劳模、名人，有地位、有荣誉，认识领导又多，说一声，换个好点岗位呗！"

他爸是谁？

王启民。

王启民的儿子大学毕业当清油工、装油工，别人感到惊讶，而王启民却认为很正常。

干了一段时间，王庆文觉得自己有文化，有自己的专业，想换个专业对口的岗位，或者调到父母工作的单位。他认为，这件事既不是什么原则问题，又不会有什么社会影响，在父亲来说也就是一句话的事。

可是，王启民就是不去说这句话。

他对儿子说："年轻人什么都要靠自己，不能靠父母。"

王庆文说："我真不是想靠父母怎么样，就是想换个适合自己专业的岗位，能尽快实现自己的理想。"

王启民很恳切地对儿子说："工作没有贵贱，岗位不分高低。任何岗位都能干出成绩来，你自己在工作中善于发现问题，并且想办法去解决它，就能实现自己的人生价值！"

王庆文听爸爸的话，一直干下去。

王庆文的一些同学对王启民不管儿子的事感到不可思

议，认为他与油田领导都熟，在争取助剂厂立项时还做了大贡献，王庆文这点小事，一句话就管用。有一天，几个人约好，一起到他家当"说客"，与王启民展开了一番唇枪舌剑：

"您的儿子您爱不爱？"

"当然爱。"

"如果他受苦、他遭罪，您心疼不心疼？"

"心疼。"

"心疼，您为什么不帮他找个好工作？"

王启民笑着说："庆文现在的工作也不是很艰苦嘛，如果都想干好工作，那不好的工作谁干？"

几个小青年说："是得有人干，但您好歹是个处级干部，您就不怕您儿子干那活让人笑话？"

王启民说："就因为我是领导干部，才不能搞不正之风。如果每个领导干部都这么干，我们的国家、社会还有希望吗？"

一个小青年说："您别给我们讲大道理，您能不能务实点儿？"

王启民非常严肃地说："我还是那句话，一定要靠自己努力，不要老有依靠别人的思想。"

王庆文原以为爸爸是个"一本正"、"死心眼"，可慢慢认识到他坚持原则、不徇私情是对的，证明他是一个优秀的共产党员。就劝同学们说："我爸是一个共产党员，不应该给他添麻烦，你们别再去说了！"

几个小青年心服口服地说："现在都说领导干部怎么怎么样，但王启民还真是合格的正牌共产党员。"

周围的人也都说："王院长这人从不以权谋私，一般人还真的做不到他那样。他儿子有段时间对他有意见，后来理解了，对他爸更敬佩了。"一起工作过多年的老同志谈起王启民十分佩服："他对工作、干事业的劲头那是有口皆碑。在廉洁自律上谁说起来都服气，对自己亲属也要求特别严，这一条我们都要向他学。"

平凡而伟大的人格力量

→ 在同事眼里，他是一个天生没架子的好公仆

★★★★★

　　王启民在大庆油田开发的每个阶段都有建树，可以说是著名的地质专家。在院里，他是权威；走出去，他是名人；当了领导以后，他是个"官"。可是，农家出身、在采油工人堆里长大的他，天生就没有"官架子"，从来不以专家、权威自居，也没有名人的派头。他穿着随便朴素，言行谦和谨慎，待人随和可亲，在人堆里总是和大家一样，没有一点特别。因此，群众有事愿意和他说。小韩的爱人长期跑通勤，要求往院里调，只是偶尔和他提过，他就挂在了心上，来

回跑了不下二十趟，一直到办妥。

他给部下安排工作，除非特急情况，很少用电话喊人，经常是自己找上门去。部下很不好意思地说："王总，你有事打个电话不就行了吗？"他说："这事电话里说不清。""那么叫我去一趟就行了嘛！""你跑我跑不是一样吗。"他就是这样体恤下情，平易近人。几乎没见过他颐指气使地下命令，或者大声训斥人。就是批评谁，也是说清原委，以理服人。

在同事和部下眼里，他是一个没有架子的好公仆，这方面的故事有很多。

他出门办事，张口就可要车，但他不出远门很少用车，平常用车也公私分明。就是办公事，能不用车就不用，他到设计院去办事，经常借个自行车骑着去。家里有什么事，就更别指望用他的车了。这一点，研究院开发一室的老科研赵学珍感触很多。一个星期天的下午，天下着雨，老赵出门办事路过公交车站。看见站牌下等车的一堆人中有副院长王启民夫妇，就走过去说："王院长，这么大的雨，出门怎么不向院里要个车？"王启民说："办点私事哪能要车。"老赵说："司机又不是外人，叫他跑一趟呗！"王启民又笑着说："这么大的雨，我们都不愿出门，也得替司机着想呀。"

1984 年，当上副总地质师以后，院里分给他一套房子，搬家时，王启民和妻子用手推车一趟一趟地推，一直推了3天。有的老同志和小青年来帮忙，就开玩笑说："都什么年代了，还'人拉肩扛'啊！"

现在结婚行大操大办，有的还借机敛财。可王启民女儿结婚时非常简单，谁也不知道。左邻右舍、亲戚朋友和同志们说："老王你这不对，等儿子结婚时一定通知大伙，凑一起好好热闹热闹。"

可是，1994年春节后儿子结婚，还是谁也没告诉。王启民忙着开油田技术座谈会，一应事情都是儿子自己和一帮同学帮忙张罗的。过后很多人都埋怨王启民。儿子结婚，单位不分房，自己也没买房，小孩都多大了，还住在他家里，上班得来回跑。

王启民下基层，就和采油工人同吃同住同劳动。当了领导干部以后，也丝毫没有"官"架子，从来不摆谱。到采油四厂进行油井套管损坏调查时，他带着两个年轻的同志住进了资料库对面的一个又潮又暗的小旅馆。四厂要给换个好点的宾馆，他说住这儿方便，一住就是一个多月。在采油一厂调查时，中午吃过饭没有地方休息，他和助手们就靠在公路过街天桥的大柱子旁，一边休息一边讨论问题。

艰苦朴素是王启民的一贯作风。去北京开会领奖，大会秘书处给他安排了一个 412 元的单间，他嫌贵，坚决退掉，和大家一样住进标准间。

有一次开完会回大庆，给他买了头等舱机票，他说没什么急着回去的事，浪费这个钱干啥，就退掉机票改乘火车回到大庆。

有一次他带院里几个人去北京出差，几天的饭费才花 300 元。

→ 在年轻人眼里，他是一个诲人不倦的好老师

★★★★★

王启民深知，青年是祖国的未来，更是大庆的未来，长期稳产主要得靠青年们来完成。因此，他在工作中相信青

年，依靠青年，用各种办法，调动青年的积极性，用很大的精力来培养青年。他认为年轻人经过摔打磨炼总是能成长起来的。他用自己的语言来表达他朴素的思想：年轻人干工作第一遍不行，再来第二遍，第二遍不行，再来第三遍，终究会行的，将来的重担要靠他们来挑。

有一年，王启民被授予"铁人科技成就奖"，发给他10万元奖金。回到大庆，他就把奖金全部捐给院里，作为科研奖励基金，鼓励青年多出科研成果。

坚持群众路线，讲求学术民主，鼓励青年挑担子，是王启民一贯坚持的方法，也是他取得成功的秘诀。每搞一个科研项目，他都要把它分成若干个"小项目"、"子项目"，分散开让大家、特别是青年人来承担，大胆地让人们认为很嫩的年轻人当学术带头人。吸收更多的人参加进来，搞地质的、规划的、动态的，包括现场管理的，乃至基层干部、工人，方方面面都照顾到。

王启民给青年交任务、压担子，不是一交了之，撒手不管，而是亲自动手一个一个地扶持、帮助，可以说是耳提面命，诲人不倦。

在指导青年时，他从不以专家和领导身份自居，总是以平等的身份与大家交流，仔细倾听青年人的意见，鼓励他们独立思考，勇于创新。他给科技人员审看、修改报告、方案、论文稿时，一直坚持用铅笔书写，你不同意可以用橡皮擦掉，从来不强加于人。大家对他这种认真倾听，发扬技术民主，尊重他人意见，善于吸收别人智慧的好作风非常佩服，所以青年们愿意和他接近、交谈，从与他的交流中吸取营养，升华思想，提高自己。

科技带头人、开发规划室主任周学民，第一次接受《注采系统调整》课题后，感到压力很大，信心不足，找王启民谈心。

王启民问："感觉怎样？"

周学民说："压力很大，底气不大足！"

王启民鼓励说："你年轻，基础好，理论功底扎实，一定能干好！"

说完就帮他研究这个项目的要害，指出应该注意的问题，教他完成的方法。

就是在王启民的鼓励、支持和手把手地指导下，周学民出色地完成了任务，并得了奖。

打那以后，周学民成为科技骨干，出色完成了多个课题，得了好几个奖。总结经验时，他说："没有王老师的启发和帮助，就没有我今天的成就。他身上呈现的那种思想境界和人格魅力令人着迷，无时无刻不在潜移默化地感染和影响着我们！"

1994 年 7 月，规划室青年工程师隋新光，要去参加在大连召开的"全国储委油气专委采收率研讨会"，他准备了一份《喇嘛甸油田开发阶段采收率评价》课题报告。材料写好后，他拿给王启民叫他审查。

王启民简单翻看后说："你把材料留下，明天再来拿。"

第二天，还没等隋新光问，王启民就找到他，交换意见。隋新光看到《报告》上用铅笔写了很多意见，有的地方还标出了重点，画了杠杠，有的页上标注字迹密密麻麻。王启民在很多方面提出了自己的意见，让隋新光仔细考虑。

谈完具体意见，王启民又说："你这个报告内容很丰富，很全面。但这样一个大型会议不可能给你那么长时间，让你面面俱到地讲。所以，建议你把你最主要的观点和内容重点列一个提纲，语言要尽量简练，重点要尽量突出，既把问题说清楚，又不面面俱到开中药铺，让听的人抓住要害，还不疲劳。"

王启民的经验之谈太重要了，隋新光听完，差点没跳起来，表示全面接受。

接着，王启民又和他详细讨论了报告的重点是什么、应当怎么讲，直到两人都满意为止。

王启民的指导，让隋新光感受到老一辈科学家对年轻一代的关心、爱护以及良好的愿望，使他信心倍增。

会上，隋新光的报告引起强烈的反响。热烈的掌声，激起了他干好大庆稳产工作的昂扬激情，也激起了他对千里之外的王启民的感激和敬佩之情。

他由衷地呼唤："在我们青年心目中，你永远是我们最好的老师！"

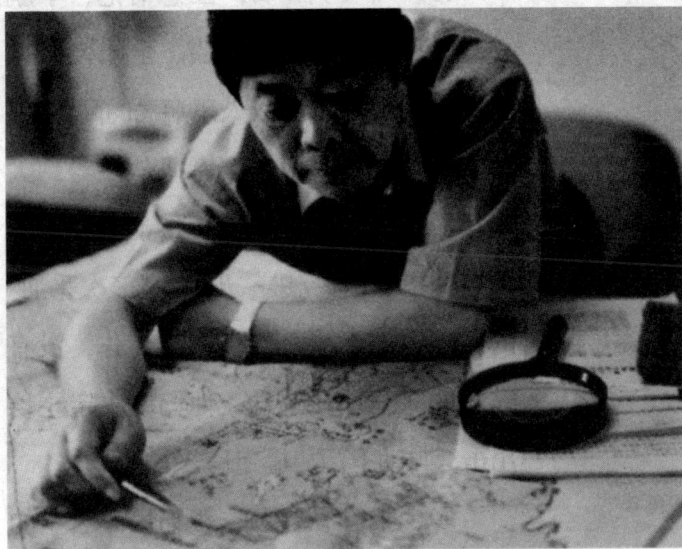

△ 王启民在搞"小层对比"

→ 在记者眼里，他是一个勇于担当、不骄不躁的科技精英

★★★★★

1997 年 1 月 7 日，江总书记、李鹏总理接见以后，黑龙江省、全国再次掀起宣传大庆新时期铁人王启民的高潮。

《黑龙江日报》记者武从端等到大庆来采访，因为王启民正忙于落实中央领导的指示，研究进一步搞好"三次采油"的各项方略、规划，抓落实工作，没有完整的时间接受采访，他们就决定主动出击，自动上门，搞追踪采访。

多少个春秋往复，王启民办公室的灯光都是亮着的。

1997 年 2 月 27 日夜，武从端看见灯亮着，就打了一个电话，一听是忙音，说明王启民在，几个人就连夜直闯这位大忙人的大营。

进了屋一看，身患强直性腰椎脊椎炎的王启民，正用自己特有的一种姿势前倾着伏案看一份文件。这个姿势给人留下了太深的印象，因此，在他们的报道中有了"强直姿势在办公"的描写，这是他们的首创。

记者堵上门了，王启民只好放下手头的文件接待采访。他们问他在看什么，亮出封面一看，是刚做完的《大庆油田 1998 年开发规划方案》。王启民说，这是一份关系到贯彻江总书记、李鹏总理指示要求，搞好油田"三次采油"，提高采收率，延长稳产期大计的重要文件，必须尽快很好审核完。

记者们听不懂，王启民就打开话匣子谈了起来。

大庆油田，三次采油中采用了一种先进技术，就是用化学助剂注入油层来驱油。当时正在大面积应用的是"聚合物驱油"，能提高取收率 10%。准备应用的正在试验的两种是"三元复合驱"和"多元泡沫驱"，分别能提高采收率 20%、30%。王启民指着文件说："做这个规划方案，既要用'聚驱'保证当前稳产，又要给后两种技术的采用留出空间，以期能有一个效益更高的采收率。怎么掌握这个'度'，就得反复权衡、推算。不然的话，上百亿资金的项目，方向偏离一点儿，损失就可能上百万、千万。

说到这儿，王启民慨叹道："方案确定之后，还有大量工作要做。我缺的就是时间，真是急死人呀！"

王启民的案头，摆着两块石头，记者们问是干什么用的。

王启民像拿珍贵文物一样拿起来，向记者介绍它们的来历、用途和意义。

这是十几年前，从千米地下取出的在白垩纪形成的两块岩芯，上面可见斑斑点点的油色。王启民就是通过对它的研究，搞清了"表外储层"的形成和可采性，打开了地宫之门，为油田增加了几亿吨的可采储量。从那以后，整整7年，每当有大事或者遇见什么难题，他都要通过这两块岩芯和白垩纪对话，探寻远古的奥秘，寻找解决问题的办法。

王启民举着岩芯，对记者们说："前不久江泽民总书记、李鹏总理的接见，使我觉得肩上的担子更重了，关键是要保持高产稳产到 2010 年。眼下有多少工作要做啊!"

石头——岩芯——一颗赤诚的心! 从这里, 记者们看到王启民在履行着"宁可把心血熬干, 也要保油田高产再稳产"的千钧誓言, 他是一个勇于担当的科技精英!

见王启民总是说"我最缺的就是时间呀", 记者们决定告辞。但向他说明, 宣传新时期铁人不是个人的事, 这是党和国家的决定, 也是油田稳产的需要。

王启民说:"这我理解。但不要宣传我个人。"说着他拿起一张纸, 在上面写下了"王启民"三个字, 然后对记者说:"这其实只是一个符号, 它代表着大庆油田6万多科技人员。"

他接着说:"油田科技是系统工程, 每项成果都是你中有我, 我中有你, 需要许多科技人员的共同协作才能成功。我们每个人都在自己岗位上尽最大努力做了应该做的事。只不过我干的时间长一些、多一些, 就推我做个代表而已。如果你们非写我不可, 也要再加上一个字。"

说完, 他拿起笔, 在"王启民"三个字后边加了一个大大的"们"字。

王启民说这话, 不是为了表示谦虚, 他说这是事实, 这是真理。在他看来, 相信和依靠群众, 坚持学术民主, 善于集思广益, 把大家的智慧变成可行的稳产措施, 这是

平凡而伟大的人格力量

成功的关键。他用"稳油控水"工程的成功来证明自己的判断。

1991年，面对含水急剧上升的现实，大庆实施了"稳油控水"工程。为了精细地描述陆相沉积的地质特征，搞好可采储量预测，要开展油田产液量结构调整，合理注采比例测算等100多个攻关课题。这样的工程量，依靠少数人是无法完成的。最后全油田几万名科技人员和广大职工参与进来，搞地质的、动态的、现场管理的，包括采油工人一齐上阵，最后形成了"三分一优"的具体做法和调整原则，获得了巨大的成功。

到1995年底，与国家审定的"八五"油田开发指标相比，5年累计多产原油610.6万吨，增收节支150亿元。

王启民说："这标志着大庆油田稳产又攀上一个新高峰，事实证明，只要有广大干部、群众的共同努力，没有干不成的事！"

"讲本领不要忘了群众，讲成绩不要忘了大多数。"这是铁人王进喜的思想，也是新时期铁人王启民的思想。

一个"们"字，反映了王启民的唯物主义历史观，含意深邃，幽远而绵长。

一个"们"字，解开了人们认识上的一些谜团，加深了对王启民崇高的思想、伟大人品的理解：

比如，他为什么得了奖金要交给院里，设立科技奖励基金；

比如，他为什么给别人改稿子，一定要用可以擦掉的铅笔，而不用别的笔；

再比如，他为什么不像有的领导干部和技术权威那样乱署名——

作为研究院多年科研的技术负责人，王启民组织科研人员、特别帮青年人写了几千篇科技报告和学术论文，花费了大量的时间和心血，但是他向来把这看成是自己分内的工作，是应该干的。只要不是自己主笔写的文章，不是自己主要负责的项目，一律不准署上他的名字。有人署上了，他要坚决去掉。他只在审核一栏里认认真真地签上自己的名字，表示自己负责任。

这一切，都是因为王启民像铁人王进喜那样，有坚定的信仰、远大的理想、博大的胸怀和一颗赤诚的心，视名利金钱如粪土，不骄不躁永远向前看。

在武从端等几位记者眼里，王启民是一个勇于担当、不骄不躁的科技精英。他们经过几次追踪采访王启民和广泛采访了"王启民们"，写作和发表了长篇通讯《新时期铁人王启民》，再次向全省人民介绍了王启民的业绩和精神。

→ 在全国人民眼里，他是 "感动中国"人物

★★★★★

通过新闻媒体的宣传，王启民名扬四海，他的事迹传遍祖国神州大地。慰问信、表扬信从四面八方飞来，请做报告的、讲学的、技术指导的连续不断。"新时期铁人"成为人们学习的榜样，青少年们崇拜的偶像。

面对鲜花和掌声，王启民保持清醒的头脑，冷静的态度。他牢记毛主席两

个"务必"的教导,像铁人王进喜那样"夹着尾巴做人",继续保持和发扬谦虚谨慎、不骄不躁、艰苦奋斗的作风,尽量谢绝各种活动,集中全力,做好自己的科研工作。

进入新世纪以后,随着改革开放的深入,全国国民经济进一步发展,大庆油田面对的挑战更加严峻,所肩负的任务更加艰巨。为了跟上经济社会发展的需要,保证国家能源战略安全,大庆油田公司组织全体员工,打响了科技新会战。在油田开发新技术上,采取"使用一批,储备一批,研发一批"的发展战略,不断创新有自主知识产权的新技术、新办法,以保证油田长期稳产。

在这支科研大军中,王启民依然是领军人物。

王启民退休以后,像全国许多著名专家那样,人退心不退,退休不退岗,一直战斗在大庆油田公司总经理助理、副地质师的岗位上。他两鬓斑白,但雄心不老;身体更弱了,但意志更坚。还和当年一样,以"强直的姿势",精神饱满地下现场,搞调研,坐办公室;查资料,画图表,做理论计算,和广大科技人员一起研究持续稳产、提高原油采收率的新理论、新技术、新办法,乐此不疲。他设在油田公司办公大楼里的办公室,依然亮着不灭的灯光。

经过王启民和数以万计的广大科技人员的努力,三元复合驱、多元泡沫正在抓紧研究、试验和推广使用,取得了可喜的成果。二氧化碳注入、小虫子（微生物）换油等几十项新技术已经开始研发，有的已经进入现场试验。

党和国家对王启民的功绩给予高度的肯定与赞扬。继江泽民总书记接见之后，胡锦涛、习近平都接见了王启民。

2009年6月，胡锦涛总书记来大庆视察，充分肯定大庆出原油、出精神、出人才和队伍三大贡献，在历史陈列馆接见了新时期铁人王启民、铁人王进喜亲属以及薛国邦、马德仁等老标兵，向他们表示敬意。他来到研究院，亲切接见为油田稳产做出卓越贡献的"王启民们"，高度肯定他们自主创新的成果，高度赞扬他们保持和发扬的"超越权威，超越前人，超越自我"的"三超精神"。

2009年9月，中共中央政治局常委、书记处书记、国家副主席习近平亲临大庆视察并出席大庆油田发现50周年庆祝大会。他亲切接见了新时期铁人王启民和英模代表。在大会发言中高度赞扬新、老铁人的功绩，强调要进一步弘扬大庆精神、铁人精神。

在这个大会上，王启民代表老会战和大庆油田全体员工发言，表示决心要发扬胡总书记肯定和勉励的"三超精神"，打好新时期高科技新会战，让老油田焕发出新的生机与活力，多产油，多产气，不让祖国为石油发愁！

王启民的业绩、思想、精神和平凡而伟大的人格力量，感动了家人、同事、青年和新闻媒体，也感动了中国，感动了千千万万的人。

2009 年，新中国成立 60 周年时，在中宣部等部门组织的"双百"人物评选中，全国人民积极投票，铁人王进喜、新时期铁人王启民双双当选为"新中国成立以来感动中国人物"，这是全国人民给予新老铁人最高的奖赏，这是大庆人的荣誉。

在国家博物馆举办的《复兴之路》大型展览上，用一大段版面，展示大庆的成就，肯定大庆在民族复兴中的重要作用。在一个展室里有一大本"双百人物"电子书，观众翻动视频网页，大屏幕上就会出现王进喜、王启民的形象，讲述他们的故事！

新铁人王启民和老铁人王进喜一起，被记在了中华民族伟大复兴的光荣史册上！

后　记

"三超"精神的一首赞歌

　　回头看王启民的战斗历程，可以看出一个鲜明的特点：就是这位"敢为天下先"的科技闯将，不断地在超越。超越权威，超越前人，也在超越自我。他半个多世纪的辛勤耕耘和科研成果，就是一首"三超"精神的赞歌。

　　权威的论断，一般是不容置疑的。可由于历史和客观现实的局限，它又不是不可逾越的。王启民和他的伙伴们"敢笑天下第一流"，尊重权威，又不迷信权威，在许多方面冲破了权威结论的束缚。一些洋权威说我们"开发不了大油田"，而他们用事实证明，我们不仅能开发大油田，而且比他们开发得更好；表外储层"早已被判了死刑"，可·王启民们却让它复活……正是由于一次又一次地超越了权威，才实现了大庆油田的长期稳产。

　　石油先辈们经过长期奋斗和努力，冲破了"陆相不能生油"的禁锢，为摘掉"贫油落后"的帽子做了大量的工作。但是由于种种原因，他们有些情况没有遇到，有些问题没有想过，有些工作还没来得及去做。而王启民他们这些年轻人，恰逢其时，一出校门就走进了大庆这个中国最大的大油田，以"初生牛犊不怕虎"的勇气和劲头，解决了前人没有遇到的各种矛盾，想了前人没有想过的问题，做了大量前人没有做过或者还没来得及做的工作，在许多方面特别是长期稳产方面，超越了前人。

走出校门时，王启民本可以去南方或者留在首都，可他却选择了大庆；到退休的年龄，他又有机会调到更为舒适的地方，可他又选择了留在大庆。一次选择就是一次考验，王启民超越了自我。在油田开发过程中，从分层注水到稳油控水，从动用差层到三次采油，王启民胜不骄，败不馁，每走一步都上一个新台阶，在技术进步上他也是一次又一次地超越了自我。

精神来源于实践，又反过来指引实践。王启民为国分忧，担当使命，发扬"三超"精神，自主创新，攻艰克难，形成了自己独有的进步观念、科学理论，创造了有效解决油田开发难题的先进技术，成为"新时期铁人"，不仅为我们树立了光辉的榜样，还为油田创造了效益，为社会创造了财富。

王启民的实践证明，"三超"精神激励下形成的核心技术是先进生产力，它在大庆发展建设中发挥了不可低估的作用。

从 1960 年首车原油外运，到 2012 年年终结算，大庆油田已为国家生产原油 21 亿吨，实现了年产原油 5000 万吨稳产 27 年，紧接着又实现了年产 4000 万吨稳产 10 年，原油采收率超过了 50%，上缴税费一万多亿元，创出了稳产期最长、采收率最高、上缴费最多"三个世界第一"。当前，在大庆年产原油 4000 万吨，占全国陆地产油量 40%，仍然是保证我国能源战略安全的最大石油基地。

这些成绩的取得，原因是多方面的。其中各项延长稳产期、提高采收率新技术的应用是重要的一条。"5000万稳产27年"勿需重述，就拿"稳产4000万"这10年来说，其中稳油控水仍然是主要技术手段。长垣老油田水驱产量比重始终保持在60%以上，最近几年就比规划多产油1138万吨；而三次采油中的聚合物驱油，进入新世纪以来，连续11年产油超过1000万吨，2012年达到1360多万吨。大庆已经成为世界上最大的三次采油基地。这是"三超"精神变物质的最好例证。

党的十八大规划了到2020年全面建成小康社会的宏伟蓝图。大庆石油人为了支援各行各业经济社会发展，保证国家能源战略安全，在十八大精神鼓舞下，豪迈地提出了"年产4000万吨稳产到2020年，油气当量重上5000万（吨）"的宏伟目标，决心要实现一次新的超越。目前，油田上下，团结一心，打响了"水驱控递减，聚驱提效，复会驱上产能，研发新技术"的科技新会战，正信心百倍地向新的目标进军。

王启民看到油田党委贯彻十八大精神，确立了新目标，采取了新举措，深受鼓舞。这位参加开发全过程的老专家，深知经过53年的开发，大庆油田已经进入特高含水、特高采出程度的"双特高"开发期，要实现新的超越，在资源储备、技术准备、资金投入、人才培养等各方面都存在极大的困难。自己虽已届喜寿之年，体力精力都不如从前，但仍要熬心血，发余热，和大家一起分担这些困难。他和以往一样，精神饱满地投入到已有技术优化完善和新技术研发之中，决心要为"4000万吨硬稳定，油气重上5000万"贡献自己的绵薄之力！

他看到大庆"油稳气旺"，持续发展，心里高兴；他看到年轻人迅速成长，有许多已经或正在超越自己，心里更高兴。因为，他心中只有一个目标，那就是：

"我为祖国献石油，决不让人民为油愁！"

一首新的超越之歌在他心底唱响！

图书在版编目（CIP）数据

王启民 / 石众编著. -- 长春：吉林文史出版社，
2012.12（2024.5重印）
（100位新中国成立以来感动中国人物）
ISBN 978-7-5472-1380-3

Ⅰ. ①王… Ⅱ. ①石… Ⅲ. ①王启民－生平事迹－青
年读物②王启民－生平事迹－少年读物 Ⅳ.
①K826.16-49

中国版本图书馆CIP数据核字(2013)第001552号

王启民

WANGQIMIN

编著/ 石众

选题策划/ 王尔立　责任编辑/ 王尔立　李洁华　任玉茗
装帧设计/ 韩璘
出版发行/ 吉林文史出版社
地址/ 长春市福祉大路5788号　邮编/ 130118
电话/ 0431-81629363　传真/ 0431-86037589
印刷/ 天津海德伟业印务有限公司
版次/ 2012年12月第1版 2024年5月第5次印刷
开本/ 640mm×920mm　1/16
印张/ 9　字数/ 100千
书号/ ISBN 978-7-5472-1380-3
定价/ 29.80元